THE PHILOSOPHY
OF
OLD MONEY

紫图图书 出品

THE
Old Money
BYRON TULLY

老钱

[法]拜伦·塔利 —— 著

周婉璐 —— 译

民主与建设出版社

© 民主与建设出版社，2024

图书在版编目 (CIP) 数据

老钱 /（法）拜伦·塔利著；周婉璐译. -- 北京：民主与建设出版社, 2024.7. -- ISBN 978-7-5139-4516-5（2024.9 重印）

I. B821-49

中国国家版本馆 CIP 数据核字第 2024U0Q159 号

The Old Money Book – 2nd Edition by Byron Tully
Copyright © 2013, 2020 by Byron Tully.
All Rights Reserved.
Simplified Chinese Translation Copyright
© 2024 by Beijing ZITO Books Co., Ltd.
著作权合同登记号：01-2024-2585

老钱
LAOQIAN

著　者	[法] 拜伦·塔利
译　者	周婉璐
责任编辑	郎培培
装帧设计	紫图图书ZITO®
出版发行	民主与建设出版社有限责任公司
电　话	(010)59417749　59419778
社　址	北京市海淀区西三环中路10号望海楼E座7层
邮　编	100142
印　刷	艺堂印刷（天津）有限公司
版　次	2024年7月第1版
印　次	2024年9月第2次印刷
开　本	880毫米×1230毫米　1/32
印　张	10
字　数	170千字
书　号	ISBN 978-7-5139-4516-5
定　价	89.90元

注：如有印、装质量问题，请与出版社联系。

◆

怎样用更少的钱过上
更好的生活

Foreword
中文版序

♦

作为一位作者，每当将作品呈现给新的读者群体时，即便过往的成绩再辉煌，我仍会有新的顾虑。

首先也是最重要的，每位作者都怀揣着成功的期许，并渴望能给予读者以启迪和助益，我自然也不例外。我期许这本书能以深刻且有意义的方式，触动中国读者的心灵，引发他们的共鸣。

我相信它一定会完成这个使命，但即使我很有信心，我也将始终秉持客观与谦逊的态度。

为什么呢？因为这本书并不是我凭空而写的，而是根植于深厚的写作背景之中。它紧密关联着与你们息息相关的、近年来有目共睹的历史变迁：中国的经济在短短的时间内实现了前所未有的快速增长，而人民的人均财富也在这波澜壮阔的浪潮中得到了大幅度的积累与提升。

这种难以置信的持续增长让全球众多国家艳羡不已。中国人民携手共建了一个强大、充满活力且持久不衰的经济体，其增长势头依然强劲，未有丝毫放缓的迹象。尽管这是经济学家们深入研究的课题，但我们也必须深刻认识到，这一切成就的背后，离不开中国人民的远见卓识、无私奉献以及勤奋努力。

经济繁荣增长不仅使一些杰出的企业家获得了前所未有的财富，也使数以百万计的中国人变得更加富裕。经济增长确实惠及了所有人。

因此，作为一位作者，若我妄称能教授中国读者"致富之道"，那无疑是自诩过高，显得颇为滑稽。中国人早已掌握了致富的秘诀，上海那璀璨夺目的天际线、北京那熙熙攘攘的街道，或是深圳那繁忙不息的港口，便足以证明这一点。任何关注报纸或电视新闻的人，都能深切感受到这一点。

中国财富的增长并非空谈，而是实实在在、无处不在的。每年，中国都会涌现出新的亿万富豪，这并非偶然，也非短暂的现象。正如许多人所欣然承认的，这种新现象已经深深植根于中国经济发展的脉络之中，成了一种常态。

我必须承认，中国读者在这本书所宣扬的关于健康、教育、工作、投资等价值观念方面已经取得了卓越的成绩。我也由衷钦佩中国人的创新精神和主动性。尽管如此，我仍坚信这本书能为中国的每一位读者带来独特的、有益的贡献，而这份贡献绝不仅限于新富阶层。

这种贡献在于：传授老钱的价值观、优先事项和生活习惯，这些将引导你迈向"代代相传的财富"之路。这意味着，一代人创造的财富，能够历经三代而依旧繁盛。这不仅仅是保持当前的生活水准，更是为未来的生活质量奠定坚实的基础。

请注意，这种生活质量不像生活水平那样容易被看出来，但更为重要。我在这本书中分享的秘诀就是如何拥有、保持并传承这种生活质量。

当然，你可能已经遵循了这一理念的某些部分。但这本书仍然可以帮助你对正在做的正确之事有更深入的觉察，从而识别它们并继续保持这些习惯。相反，你也可以认识到自己日常生活中尚未实践的重要事项——是的，这些可以让你更富有，但更重要的是，它们一定会让你过上更富足的生活。

我深知这一点，因为我自己便是老钱理念的践行者，亲身经历了其带来的种种益处，从而深刻体会到了它的价值。

我的使命是与你分享这些老钱的基本原则，这些智慧之语定能为每位读者带来积极的转变和深远的影响。

我相信，这就是缘分，是准备和机遇的碰撞。我的书已经完成，而中国也已准备迎接它。

我很荣幸能够提供帮助，并衷心祝愿你们一切顺利。

践行老钱的价值观，
共同创造美好的未来
和充实的生活。

Byron Tully
拜伦·塔利
2024 年于法国巴黎

Contents 目录

001 · 导语　*Introduction*

PART I 核心价值
Core Values

002 · 健康　*Health*

026 · 教育　*Education*

040 · 工作伦理　*The Work Ethic*

056 · 礼仪礼貌　Etiquette And Manners

073 · 经济独立　Financial Independence

106 · 婚姻和家庭　Family And Marriage

129 · 隐私　Privacy

PART

II 生活方式
Life Style

142 · 穿着　Attire

196 · 语法措辞　Diction And Grammar

201 · 家居　Furnishings

212 · 阅读　Reading

219 · 住宅　Housing

230 · 社交　Socializing

243 · 车　Cars

254 · 旅行　Travel

279 · 雇员与服务　Staff And Services

283 · 总结　Summary

287 · 参考　Reference

Introduction

导 语

什么是老钱

"老钱"是指那些家族三代或三代以上都享有财富和特权的人。在美国,老钱一般指(但不限于)东北部的老牌家族。他们的祖先积累了大量财富,然后按照一定的方式进行投资和消费。在欧洲、亚洲、非洲和中东,老钱可能包括贵族和皇室,他们中的大多数并不是家喻户晓的人物。

这些家族以特定的方式生活,养育孩子,以确保他们的财富得以存续,他们的子孙后代幸福安康。这些后代中的许多人,无论是经济上还是情感上都从这种生活方式中获益。因此,任何希望在自己的生活中获得经济独立、财富和幸福的人都不妨好好研究这种生活方式并采纳其原则。

请注意:仅仅在一段时间内拥有金钱,并不意味着一个家庭或一个人是老钱。成为老钱不仅需要金钱,还需要一套价值观和一种生活方式,这些在本书中都会详细介绍。

具有讽刺意味的是,享有并受益于老钱的价值观和生活方式并不需要大量的金钱,但会引发财富的积累。

关于本书

本书是一本指南。它绝不是某一种定论，但其中的基本概念是准确、合理、经得起时间考验的。要想从中获益，每个读者都必须吸收其中的信息，最好是经深思熟虑后，以循序渐进的方式，恰当地运用到自己的生活中。请记住，一个小小的习惯，胜过千百次巨大的改变。

之所以写这本书，是因为许多中产阶级，尤其是美国的中产阶级，虽然都曾有不错的收入，也一直在辛勤工作，最后却几乎一无所有。本书可以告诉处于不同收入水平或社会阶层的人，如何拥有更多的收入或保留继承的钱，同时增加生活的乐趣。鉴于当前全球的经济状况，本书还可以帮助人们花更少的钱做更多的事。

本书中关于衣柜和家居等主题的建议很容易被遵循，只需要在买新衣服和新家居时进行参考，就能成为"老钱"的样子。这简直太棒了！老钱的穿着和家居是其价值观的表征，其价值观可能需要更多的时间、精力和自律才能被理解、采纳并付诸实践。不过，老钱的价值观往往能在生活质量方面为我们带来丰厚的回报。

本书不是一本致富指南。大多数人致富靠的是远见卓识、勤奋工作、精心评估风险以及相当的运气。他们遵循着一定的原则（书中已详述），从而保持富裕。如果你是新晋的有钱人，本书或许能帮你保住财富和清醒的头脑。如果你的家庭已经很富有，本书将详细介绍你已经体验过但可能无法表达出的那些概念。

本书不是讲述如何嫁给有钱人。大多数为钱而结婚的人即便得到了钱，也很少能得到永久的财富或幸福。如果你真的想嫁得好，本书或许能让你洞悉怎样才能建立持久、美满的关系。

本书不是讲述把自己装成有钱人。势利小人之举是老钱的对立面，所以还是把精力用在别的地方吧。

本书简明扼要，直达核心。老钱和作者都痛恨浪费时间。

老钱思维

老钱思维的基石是，将个人实际情况置于公众认知之上。（这里的个人实际情况是指一个人实际拥有的财富，公众认知则是指一个人希望别人相信他拥有的财富。）这意味着老钱更关心事物与个人的实际状况，而不是他们在他人眼中的样子。

简而言之，老钱不太在乎别人的想法，这一点可以从一些男士穿的花裤子和一些老钱女士的绰号中得到确认。

老钱有一个根植于自我、工作和家庭的强烈身份认同，这种认同不是建立在物质财产或社会地位上，更不是建立在名声上。因为物质财产可能会丧失或被窃，社会地位也只是一种虚名。而通过努力工作和慈善行为为家庭、社会做出贡献，远比公众舆论或认可更重要。

以目标为基础，设定可为和不可为的自我规范，从容而充满欢乐，这种生活更可取。以内在为导向，寻求自我认同而不是他人的认同，会带来更大的满足感。

老钱不评判他人，不宣扬自己的成就，说话轻声细语，但同时传达了很多信息。

老钱对自己有更高的要求标准：自我的标准。老钱不仅不做违法之事，对于即使合法但不道德的事情可能也不会做。

如果人才只做他能做的事，天才只做他必须做的事，那么老钱就只做他应该做的事。

总之，老钱只做对长远最有利的事情。

老钱哲学

老钱的哲学是：充分享受生活；作为个体不断学习和成长；努力工作，在自己热爱的职业中取得卓越成就；在保持和增加财务资源的同时善加利用它们；与朋友和家人分享丰富的生活；探索世界，以更好地理解它，理解自己在其中的位置；让孩子为自己的生活做好准备，使其人生充实、健康且有意义；通过慈善捐赠或使命来造福社会及世上不幸的人；为子孙后代留下遗产。

老钱根基

老钱的根基是其价值观。这些观念逐渐演变成为其生活中的优先事项。这些优先事项决定了在时间、金钱和机会等可利用的资源下，老钱所做出选择的顺序和方式。你在时间、金钱和机会上的选择塑造了你的未来，并在很大程度上决定了你的生活质量。

经典案例解析

假设一个常见的场景,以阐明老钱的哲学、价值观、优先事项以及由此产生的行为,并与"其他人"对比。

这里的"其他人"是吉姆。吉姆不是老钱,他是一名年轻的单身男子,拥有大学学历,几乎没有经济负担,住的是公寓。虽然目前只能靠着每月的薪水勉强度日,但他想存钱。

吉姆的叔叔哈利去世前,在遗嘱中给他留下 100 万美元的支票。吉姆欣喜若狂,立刻兑现了这 100 万美元的支票,并辞掉了工作。他把这个好消息告诉了所有朋友和家人,他举办了一场派对,女人们突然发现他聪明过人,魅力非凡。接着他按零售价全款买了一辆豪车、一块昂贵的手表,以及一些精致的新衣服。

吉姆是个孝顺的儿子,他给妈妈买了一栋新房、一辆新车,还送给妈妈一次邮轮旅行。"理财顾问"从四面八方走来,他们恭维吉姆,说以他现在的身家,需要精明的投资建议,包括热门股票投资、分时度假权和其他不容错过的投资机会。朋友们若遇到紧急情况或有紧迫需求,也来找吉姆借钱。还是这些朋友,现在他们晚上和周末都与吉姆一起去俱乐部消遣,到餐馆吃吃喝喝,最后都是吉姆买单。其他一些朋友因嫉妒吉姆的好运和他铺张的生活方式，和他渐行渐远。

几个月后，继承遗产的光环已然消失，各种后果接踵而至。豪车需要昂贵的维护费用；妈妈新房子的房产税到期了；朋友的借款从未偿还；投资即便有可能得到回报，但短期内也无法兑现。吉姆最终清醒过来，这时他继承来的钱已经差不多被用尽，同时他收到了美国国税局的一封信，被告知他需要为继承的钱交税。吉姆感觉糟透了，他的美梦变成了噩梦。

让我们再来看看作为对比的珍妮。无论是出于先天还是后天因素，她都是一位老钱女士，她也从叔叔那里继承了100万美元。珍妮也接受过大学教育，有工作，也是靠着每月的薪水勉强度日，但她善于储蓄。当她继承叔叔遗产时，不用装，珍妮同样欣喜若狂，因为这可是100万美元。她也准备举办派对，她邀请所有朋友在当地酒吧见面，并为大家点的饮品付钱，一起度过了愉快的时光。

她没有对朋友们提起继承遗产的事。他们是她的朋友，友谊在生活中是非常宝贵的东西，但突然改变的境况可能改变彼此的关系。珍妮意识到了这一点，将慷慨付钱的原因解释为获得工作的小额意外奖金或亲戚的小额现金礼物。她想要维持她现有的友谊，并非常谨慎地接纳新朋友。

第二天早上，珍妮拖着一副宿醉的身体，来到了一位注册会计师的办公室。她找的不是理财规划师，也不是股票经纪人，而是一位注册会计师。这位注册会计师可能是曾为珍妮报税的人，也可能来自一个富裕同事的推荐。他有一系列客户，客户们的净资产等同于或者超出了珍妮的新净资产。对于注册会计师来说，高净值人群并不陌生，他自己可能就是其中之一。他并不需要珍妮的钱，也不会为珍妮进行投资。珍妮坐在他对面，解释了继承事宜，并提出了一个非常重要的问题："我的税务状况如何？"然后，珍妮非常仔细地听取并遵循注册会计师的建议。

就这样，这位注册会计师成为珍妮的财务顾问。珍妮继承的财产安静地存放在储蓄账户或货币市场账户中，虽然目前没发挥什么作用，但也没有流失。珍妮回到工作岗位，没有提继承财产的事。周末，她在网上商店和线下实体店里，浏览了她现在能够买得起的好东西。她列了一张债务清单，并思考以何种方式偿还；她记下了她要买的车，以及这辆车在不久的将来可能需要修理的地方；她计划夏天进行一次旅行；她认真思考是否真心喜欢现在的工作，也认真规划了以后想从事的职业，也许挣得相对少，但更快乐；她仔细权衡继续学习的利弊；也考虑了未来在国外生活的可能。她静静地适应着当下新的财务状况。

在继承财产六个月后，珍妮开始做财务决策。她偿还了自己的学生贷款和信用卡，也缴纳了税款。为了保持健康的生活方式并拓宽社交圈子，她加入了一个主要由有钱人组成的健身俱乐部。她聘请了一位专业的资产管理人。她用继承的部分财产进行保守投资。她还匿名给慈善机构捐款，并因此感到快乐。珍妮请了一位在相关领域有经验的律师起草了她的遗嘱。如果律师、财务顾问和资产管理人（珍妮的理财团队）都认为明智且可行的话，她可能会建立一个信托，并将大部分资产放入其中。现在，珍妮和她的理财团队拥有了一个共同的目标：尽量减少她的税务责任，保护她继承的财产，并长期增加她的净资产。

珍妮没有为自己建立一个不可持续的生活方式。她没买大房子，也没买豪车。虽然她破例购买了一块劳力士手表和一台96英寸的电视，但她的整体财务状况始终保持良好。她会计算每一笔购买可能产生的费用，不仅仅是购买的费用，还包括持有的费用。购买一块劳力士手表后，持有它需要花费的并不多，电视也是如此。但维护一栋大房子需要的费用很高，豪车也一样。珍妮明白这一点，并在花钱时考虑到了这些因素。

珍妮还考虑到了她购买物品的价值。一顿花费1000美元并在几个小时内吃光的饭菜，与一件花费1000美元且能用一辈子的高品质冬大衣的价值是不同的。两者都是奢侈品，然而后者的使用寿命比前者长得多。

对价值、奢侈品以及不同优先事项的不同思考和定义，影响着老钱（或其他人）在购物或投资时的选择。上述情景中，吉姆和珍妮做出的截然不同的选择，反映出的正是思考方式的差异：吉姆将继承财产视为一笔意外之财，而珍妮将继承财产视为一个机遇。

这也正是吉姆和珍妮在分配资源方面有巨大差异的根本原因。

...

CORE VALUES

PART I

核心价值

健康　教育　工作伦理　礼仪礼貌　经济独立　……

健康

Health

拥有健康的人拥有希望,
而拥有希望的人拥有一切。

—— 本杰明·富兰克林

♦

老钱的第一个核心价值是健康。即使你拥有巨额财富,但如果没有健康,你就不是真正富有的人。

老钱的生活方式很积极。他们吃得好,但适度。他们很少吸烟,即便吸烟也是有节制地享受雪茄和烟斗,而且几乎从不在公共场合吸烟。他们对酒精的消费也同样有度。

众所周知,锻炼和休闲活动对保持健康至关重要,而且并不一定昂贵。散步、跑步或爬楼梯都不需要花费一分钱。定期锻炼可以延长寿命,增强活力,放松大脑,令人保持好的精神状态。休闲活动则可以扩大社交网络,促进友谊,甚至可能促进事业的发展。

早上就可以做一个简单的锻炼计划,比如骑自行车 15 分钟,来增强心血管功能。健身用的自行车不需要太贵,鉴于有些人买了新自行车却没有坚持使用就打算卖掉,所以建议你去二手市场找找看。

也可以进行瑜伽锻炼。瑜伽对身体和心理都有很多好处:降低血压,增加关节灵活性,改善手眼协调能力,改善体态与平衡能力,增强免疫系统功能,改善睡眠质量等。你在网上就可以找到简单易学的瑜伽动作，还能找到图文或视频教学指导，你只需要购买一个瑜伽垫。

也可以考虑使用轻重量器械（4.5斤哑铃效果很好）。这样既能锻炼手臂，如二头肌、肱三头肌和肩膀，又不会使手臂变得粗壮，这对于喜欢穿无袖衣服的女性和穿上夹克更有型的男性而言是有好处的。所以，用轻重量哑铃来锻炼你的上肢力量吧。

在开始任何锻炼计划之前，请咨询医生的意见。

饮食

老钱将健康生活放在首位，这通过他们的饮食结构就可以看出。大多数老钱家庭食用新鲜的蔬菜、水果和瘦肉，通常每周购买一次。他们会避免食用快餐、加工食品以及油腻或过甜的食物，并且严格控制碳水化合物的摄入。如果想喝碳酸饮料，他们也会限量。果汁、蔬菜汁和经过过滤的水在老钱家庭的饮食中占有重要位置。

老钱家庭一般不会在储藏室里堆积大量的罐装食品。这既浪费钱，也不健康，因为罐装食品经过处理后可能丧失了一部分营养价值。最有营养的食物是最新鲜的食物,而最新鲜的食物从生长地到消费地距离最短。如果你可以在本地农产品市场购买有机食品,或者在家中种植,那最好不过。在其他国家或美国其他州种植的食物,通常要经过大规模采摘、清理、加工、包装、冷冻、存储后,才在超市出售,这种食物就不理想了。

老钱用餐的分量适中,尤其是晚上,因为晚上吃太多不利于健康。他们一周健康而经济的晚餐和早餐菜单可能如下:

星期一晚餐:烤鸡胸肉、蒜香烤青豆、山药。

星期二晚餐:蔬菜意面,包括番茄、西兰花、彩椒,以及一份绿色沙拉。

星期三晚餐:烤三文鱼、添加黑豆的长粒糙米饭以及青豆。

星期四晚餐:法式尼斯沙拉,少放金枪鱼和土豆,多放青豆和番茄,再配上一份蔬菜汤。

星期五晚餐:切片火鸡肉搭配黑眼豆、黄色南瓜,再加上一份绿色沙拉。

星期六早餐:用三个鸡蛋制作的蔬菜煎蛋饼,包括彩椒、洋葱、橄榄和山羊奶酪,外加土豆和全麦吐司。

星期日早餐:一大碗玉米粥(或玉米粉),上面撒上山羊奶酪和炒蘑菇。

上述食物简单又容易准备，往往只需要一个灶台、一些橄榄油和几口锅。

孩子的健康

老钱家庭将孩子的健康置于一切之上。为了确保孩子得到足够的医疗资源和营养均衡的饮食，他们宁愿把自己的享受性消费甚至日常必需消费放在次要位置。那些开着梅赛德斯-奔驰车光顾本地汽车餐厅，为子女点汉堡和薯条的家庭并非老钱。这种行为表明这个家庭并没有认清事物的优先级，因此资源分配不正确，也预示着未来可能会在某些方面出现不足。的确，快餐可能更便宜、更方便，但这并不是吃它或让子女吃它的借口。

无论子女的个性或性格如何，老钱家庭都会要求他们进行定期的体育锻炼。每周在特定的时间，老钱的子女们都要独自锻炼或与家人一同散步，而这只需要自律就能做到。

由于老钱家庭看电视的时间较少，他们的子女也较少接触到电视上推销给儿童的那些不健康的加工食品，再加上爱运动，因此，他们在学校会表现得更好。你也可以考虑限制子女看电视的时间，这将有益于他们的身心健康。

口腔健康

口腔健康是一项重要的优先事项,因为它对人的整体健康以及外貌都至关重要。老钱把定期看牙医放在重要位置。

显然,通过按时刷牙、使用牙线和定期看牙医,可以最大限度地减少龋齿和牙龈疾病的发生。中医也为我们带来了针灸和有益健康的草药。虽然直接支持牙齿健康与整体身体健康紧密相关的科学依据可能有限,但强调优先考虑牙齿健康怎么都不为过。

总之,健康是提高生活质量的关键。如果其他人依赖你提供财务或情感上的支持,那么你更应该养成健康的生活习惯,这不仅是对自己负责,也是对他人负责。即使没有其他原因,起码也要认识到不健康的生活习惯会增加医疗开支。

实用提示

- 购买一周的食材,而不是一个月的。这会迫使你购买新鲜食材并食用现有的食物。
- 购买新鲜的蔬菜、水果、谷物和坚果,如果可能的话,选择有机食物。快速烹饪蔬菜（切碎，加橄榄油，开火炒）。谷物（米饭）也只需简单烹饪（用水煮）。在两餐之间食用水果和坚果很方便。

- 避免食用快餐和加工食品。

- 可食用少量且新鲜的瘦肉。研究表明，加工肉类与胰腺癌之间存在联系。

- 仅在饥饿的时候进食，而不是因为无聊。

- 少看电视上的商业广告，因为电视广告主要是食品广告，尤其是晚上。

- 控制碳水化合物的摄入，不仅仅是咖啡、茶和甜点，还包括所有加工食品。可以通过阅读食物包装上的标签来查看其糖分含量。

- 避免饮用碳酸饮料。它们不仅浪费金钱，还对健康有害。它们会腐蚀你的牙齿，还会增加患糖尿病和肥胖的概率。

- 饮用装在塑料瓶中的水对环境和健康有害，而且浪费钱。你可以购买一个过滤器，用自带的瓶子装水。

- 避免大量饮用咖啡。它会影响睡眠，对肾脏造成负担。可以找一种喜欢的茶来代替。

- 不要不加思考地尝试时尚"健康餐"，不要试图通过饿来减肥，而应定期锻炼，并且食用新鲜食物。这样你的体重会下降，而且不会感到难受，还可以延长寿命。

- 情感问题通常是暴饮暴食的核心原因。通过诚实地面对困扰，来解决自己的情感问题；也可以与信任的朋友或专业人士讨论这些问题，找到答案，做出选择。应通过合理的方式取得进展，不要将食物作为依赖或责备自己的工具。

- 晚餐时或晚餐后喝一杯红酒即可，不需要过多。

- 避免食用工业制造的沙拉酱。可以将橄榄油和香醋混合，并加入少量糖，制作成一种清淡、新鲜且健康的沙拉酱。

- 学习一些营养知识，选择食用你身体所需的维生素类食物。

- 如果觉得自己可能患有高血压，请检查身体是否缺镁。

- 如果在家或者办公室附近有价格合理的健身房，你可以考虑加入，定期去锻炼。

- 每天早上做的第一件事就是锻炼，然后自由支配剩下的时间。最重要的是持之以恒。

- 每周休息一天，让身体得到放松。

- 如果受伤了就不要锻炼，先让身体恢复健康。

可善加利用的人

医生，这里是指从事西医的，即基于疾病诊断和治疗的医生，其治疗方式通常是开处方药或手术。医生可以治疗你的病症，挽救你的生命，让你走上康复之路。在美国，这样的医生都是医学博士（MD）。

牙医，在美国是牙科博士（DDS）。他们每年至少为你清理牙齿两次，告诉你有关牙齿或牙龈的情况，并提供解决你的牙齿健康问题的方案。如果你资金有限，一个好的牙医会提供支付方案并和你一同解决问题，因为他们最关心你的健康。如果这位牙医或其他医疗服务提供者同意打折或延迟服务费的支付，你必须兑现承诺，按照协议条款及时付款。

针灸师主要从事东方医学，其重点更多的是放在"治未病"上，即疾病的预防。虽然他们也可以对一些疾病进行治疗，但他们的关注点在于预防。他们的疗法包括针灸、指压按摩和草药治疗，通常副作用比处方药更小。他们往往更注重的首先是查找患上疾病的原因——通常是生活方式问题和压力，其次才是治疗病症。他们对背痛、偏头痛和其他疾病的治疗已经被证实有效。针灸师通常是中医博士或医学博士，并在其执业的地方获得执照。

你需要与这些医疗专业人员建立联系。他们都应该知道为你诊治过的所有医生,他们会互相尊重并愿意彼此沟通。任何认为自己的方法是唯一正确方法的医疗从业者都是危险的,应该避免让他们负责你的健康。

通向健康的途径有很多,但所有这些途径都涉及合理饮食、定期锻炼、养成健康的生活习惯、及时预防以及与医疗从业者保持联系。总之,要将健康放在首位。

彼时与此刻

当我在 2013 年本书初版时写下这一章节时,我就已经持续多年坚持以植物为基础的饮食了。尽管如此,我还是不愿意鼓励他人成为素食者或纯素食者。因为当时我正在倡导美国人摆脱"买,买,买!"的消费旋转木马,我认为这样的文化革命进行一次就足够了。

现在,在这个问题上,我的观点发生了变化。我鼓励其他人考虑采用以植物为基础的饮食,原因很多,也很明显,比如健康因素、个人经济因素和全球环境因素,后两个因素不言自明,且有很多媒体信息可以检索,我在这里强调的是健康因素。

美国人的肥胖率正在飙升。根据盖洛普健康研究数据，2012年至2013年，成年人肥胖率增长了1%。美国疾病控制与预防中心曾预计，美国人的肥胖率在2017年至2018年间将从30.5%上升至42.4%，成年人中重度肥胖率从4.7%上升至9.2%。

相比之下，最近发表在《营养与饮食学会杂志》(*Journal of the Academy of Nutrition and Dietetics*)的研究发现，纯素食者只有9.4%的人肥胖，随着人们减少动物食品的摄入，肥胖率会下降。根据美国洛马林达大学的最新研究，即使摄入相同数量的卡路里，素食者的身体重量也比肉食者低。

你可以选择吃你喜欢的食物，但重要的是，你要了解你所做选择背后的"科学"。同样重要的是，你要知道牛肉、猪肉、家禽和鱼类行业都花费大量资金资助他们自己的"研究"，并在权威新闻媒体上宣传，让你认为每天吃肉是必要且健康的。事实上，它既不必要也不健康。我希望你进行一些独立的、基于事实的搜索和研究，了解你将要吃进身体的食物，以及你给家人准备的食物。要知道你现在所食用肉食的品质，与你的父母和祖父母所食用的并不相同。

拿猪肉来说，食用它总是存在感染旋毛虫病的风险，这是一种因为食用生的或未熟的猪肉，或野猪、熊、狐狸、海象肉所引发的疾病。寄生虫（即旋毛虫）在人体肠道中孵化，引起腹泻、腹痛和呕吐，然后会嵌入肌肉组织，导致面部，特别是眼睛周围肿胀、皮疹和严重的肌肉疼痛。这可太糟糕了。

过度食用海鲜存在汞中毒的风险。尽管没有人真正知道我们所食用的鱼类为什么会有如此高含量的汞，但没有人会否认这将对健康造成风险。我们总能找到一些迹象，例如，美国畸形儿基金会建议孕妇将金枪鱼的摄入量限制为每周0.17千克以下，以防止金枪鱼中的汞造成胎儿先天缺陷。

如今，美国消费市场里的鱼有50%是在养鱼场中饲养的，而不是从河流、湖泊或海洋中捕捉的。最有可能的情况是，为了让它们长得更肥、更快，它们被喂食玉米这类饲料，就像饲养牛或猪一样。但鱼并不适合食用玉米或玉米副产品。基于这个原因，以及它们被饲养的"工业农场"条件，它们更容易患病，对食用者来说营养价值也较低，能提供给我们的ω-3脂肪酸也较少。

如果你仍然想在饮食中加入动物产品，那就尽量避免食用加工肉类。所谓加工肉类是指任何被烹饪、腌制或被以其他方式改变了其从动物身上切下时原本样子的肉。

去认识一下当地的肉贩或鱼贩，他们可以提供有品质保证的肉类、鱼类和禽类产品。虽然寻找更新鲜、更干净的肉并用恰当的方式烹饪它，可能需要花费更多金钱和精力，但是从长远来看，这是值得的。

如果你开始自己种菜，那还可以省下更多的钱。这并不像听起来那么费力或占用空间。窗台、花园和水培都是简单、便宜的入门方式。

其他需要考虑的健康问题

如果你有西医无法治疗的疾病，可以考虑中医。在当地寻找经验丰富的、让客户满意的以及收费合理的医生。

如果需要极佳的低冲击有氧锻炼，可以考虑在家里使用单人蹦床。现在社交媒体平台上有很多简单易学的训练视频，这些动作不仅有益于淋巴系统和肺部健康，还能增加肌肉张力和血液流动，但在锻炼之前记得先咨询医生的意见。

2018年，宾夕法尼亚大学对140名大学本科生进行了一项研究：这些学生被要求在三周内将社交媒体的使用时间减少到每天30分钟。学生们注意到，自己的焦虑、抑郁和害怕错过的程度都明显降低。他们不再担心自己的生活"不如"别人的生活，或者说，不如别人在网上展示出来的生活。此项研究得出的结论是，频繁使用社交媒体是一个未受到足够关注的心理健康隐患。你在社交媒体上花费的时间越多，就越有可能感到沮丧和孤独。因此，在通过均衡的饮食和规律的锻炼来改善身体健康的同时，确保你在心理健康方面也做了同样的努力——控制或取消你每天接触社交媒体的时间。

近来，吸电子烟流行起来。很多人会告诉你，吸电子烟是安全的，对健康的危害小于香烟。但他们的观点是错误的。香烟当然会引发一系列疾病；但是尽管目前尚不清楚吸电子烟对身体的长期影响，也不要以为吸电子烟是替代香烟的一种健康、更被社会接受的方式，实际上，它甚至比香烟更能削弱你的免疫系统。虽然吸电子烟可能不会直接致癌，但它确实会使你更容易受到其他疾病的侵害。与香烟一样，最开始吸电子烟，只要花些钱就能让你显得很酷，但一段时间后，你就能完全了解其带来的健康风险。而这些健康风险很快就会显露出来，因此最好不要吸电子烟。

自这本书出版以来，文身和穿刺的流行热度只增不减。医学研究得出的结论是，有些文身墨水是有毒的，甚至有些会影响核磁共振成像的结果，使医生难以做出准确的诊断。在癌症肿瘤的组织样本中，也检测到了文身墨水的存在。鉴于出现皮疹、感染、肝炎和其他疾病的风险，人们应该避免文身和穿刺。

毒素不仅存在于文身墨水中，当今女性使用的许多美容产品也含有不健康的、有毒的化学物质。如果你化妆，或者身边有化妆的人，你有必要了解这些信息。

健康与形象

  健康时尚的受害者，指的是那些在购买和使用美容产品时受到其中毒素侵害的女性。在全球范围内，美国女性的美容产品支出超过其他国家的女性，鉴于美容产业在美国的规模，这是个非常严峻的问题。

  与你购买的所有商品一样，了解拥有和使用它们的"真实成本"非常重要。例如，如果你购买了一艘游艇，你不仅需要支付购买费用，你还必须支付保险、维护、燃料、船员和停泊的费用。购买一辆豪华轿车、一件名贵的毛皮大衣或一件珠宝，也存在同样的问题。尽管这些消费品可能代价高昂，但它们所需的"真实成本"还仅仅是财务上的。

  而在美容产品方面，我们谈论的将是你最珍贵的财富：你的健康。如此，我将具体讨论在美国销售的化妆品中发现的毒素，希望能帮助你在购买美容产品时对其"真实成本"有更多的认识。

这些是你为美容产品支付的代价，不仅仅是它的购买价格，更是你在健康方面付出的代价。欧洲已经禁止 1300 多种物质使用在化妆品中。相比之下，美国食品和药物管理局仅禁止了几种。由于它们对人体内激素的已知或疑似影响，研究人员已将这些化学物质与各种健康问题联系起来。

你或许应该仔细思考：既然欧洲已经禁止出售这些物质给他们国家的化妆品制造商，来保护他们的公民，尤其是广大女性和年轻女孩，难道我不该更关心自己和我的女儿的健康，去深入了解这些化妆品的成分，确保这些毒素被彻底排出我的生活吗？

在我详细讨论如今美国市场上许多化妆品带来的危险之前，我想先讨论化妆对年轻女性健康的影响。我会先谈年龄在 10–12 岁之间的青少年。

与过去相比，如今有更多的青少年化妆，其中以 10–12 岁的女孩居多。令人遗憾的是，如今的美国青少年被洗脑，相信自己需要创造和维护个人形象。对许多人来说，维护这个形象需要每天用化妆品修饰面容，其中更有许多人绝不愿意在没有化妆的情况下出门。

北美的许多青少年每天都有一个化妆"仪式"，包括使用口红、散粉、腮红、粉底、睫毛膏、眼线液、指甲油和香水，更不用说要使用护肤品、洗发水、护发素和染发剂这些了。事实上，专家估计，现在一个普通女孩身上至少带着十几种化妆品。随着妆容越来越精致、烦琐，她们接触危险化学物质的机会也在增加，这对年轻女孩的健康来说非常不利。

许多化妆品中含有两种特定类型的化学物质——对羟基苯甲酸酯和邻苯二甲酸酯，它们会扰乱激素水平。由于青少年比成年人更早地使用浓重的化妆品，她们更有可能因为长时间接触这些毒素，而导致在年轻时就出现健康问题。

此外，同辈压力通常会让青少年使用更多的化妆品来掩盖身体上的创伤或瑕疵。但这种做法可能引发或加重伤害，形成有害的皮肤损伤，并需要数月或数年才能完全恢复。这确实是一个恶性循环。

化妆品会改变皮肤原本的样子吗？绝对会。青少年可能会曲解化妆对皮肤的即时影响，他们可能没有完全意识到它与皮肤问题之间存在的相关性。最近巴西的一项研究显示，经常使用化妆品的女性中，45% 患有与她们所使用的化妆品有关的皮肤病。

化妆品可能会对青少年的皮肤造成严重的破坏和持久的影响。正如前文所述，欧盟已经禁止了超过 1 300 种物质使用在化妆品中。而在美国市场上，大多数化妆品实际上含有上千种有害的化学物质。再次强调：由于其对激素产生的已知或疑似作用，研究人员已经将这些化学物质与所引起的各种健康问题联系起来。请你认真思考这些问题。

附带损害

我认为青春期有一种特殊的快乐——当回首往事时，我相信对其他人来说也是如此，它像一个曲折变化的隧道，一个如同过山车般起伏不定的情感历程。突飞猛进的生长让人意想不到，也令人陶醉。几乎无法控制自己逐渐成熟的身体让青少年一直处于紧张的边缘。所有人能做的就是坚持下去，尽量毫发无损地度过这段时光。

这是一个棘手的过程：你不知道它何时开始，过程是什么样子，最重要的是，不知道它何时结束。进入青春期后，身体以闪电般的速度发生变化。幸运的是，人体天生具备处理这一"动荡"的能力。然而，化妆品中的许多化学物质可能会在这一时期带来危险，不可预测地破坏年轻人体内的有机平衡。

作为成年女性，一般来说，每个人都会携带自己的化妆品，所以对自己所使用的产品，应当有清晰的认识。千万别把化妆包当成一个"传递包"，比如你可能会与朋友们共享你的化妆品，如涂点儿腮红，刷点儿睫毛膏，用一下眼线笔，再涂一点儿唇彩。

此外，青少年使用化妆品的方式也增加了不健康的风险。青少年的朋友圈往往更广泛，也会和朋友们分享化妆品。大多数情况下，他们并不知道朋友是如何使用化妆品的，也不知道他们和谁分享了自己的化妆品。为什么说这是一种危险呢？

妆前乳、粉底、唇彩、睫毛膏以及化妆刷等，都为细菌提供了肥沃的滋生地。毫不知情的使用者会将自己唇、手、眼睛和脸上的细菌融入其中。然后，那些化妆瓶、化妆刷或化妆海绵中的化妆品就变成引发一系列疾病的罪魁祸首。在不知不觉中，有害细菌会通过青少年共享的化妆品成倍地传播。正如我们讨论过的，化妆品可能对使用者产生有害影响，尤其是正在发育的青少年。他们原本已经因激素激增以及周围环境中的细菌而面临皮肤问题，此时他们最不需要的，便是再额外增加与化妆品相关的健康问题。如结膜炎、葡萄球菌感染，还有那些可怕的由化妆品引起的叫作化妆品痤疮的痤疮病变。青少年长痤疮是一件不可忽视的事情：他们常常面临来自同龄人的社交或学习上的巨大压力，在这种背景下，化妆品可能会使他们的青春期问题变得更加糟糕。因此，重新评估化妆品在你生活中的作用，并确定一种新的、常识性的评估方法是关键。

简单的解决方案

对于化妆品所带来的已知副作用,我们有能力采取简单而便捷的方法去解决。让你和你的女儿养成适当的护肤习惯是你的责任,以便养成并保持肌肤的自然美。我建议 16 岁以下的年轻女孩不要化妆,当开始化妆时,应该注意使用水性化妆品,并用干净的化妆刷轻轻涂抹。

找到并使用不含有害化学物质的健康的化妆品,也是你的责任。当你对产品或成分存有疑虑时,先做些研究,再用于肌肤。

一个很好的资源是"皮肤深度化妆品安全数据库"——你可以在 Cosmetics Database.com 上访问。只需输入你喜爱的化妆品的名称,数据库就会告诉你它是否含有任何已知的危险成分。

当你购买化妆品时,请务必问一下自己是否确切地了解所要购买的产品,以及它的"真实成本"。因为你不仅会受益于它们提供的外观方面的好处,还要承受它们带来的短期和长期的健康风险。此外,你还应该问自己这个问题:即使我对自己的健康漠不关心,但化妆品会给我未出生的或正在吃母乳的孩子带来什么健康风险?

当毒素进入你的血液时,它们不仅会停留在你身上,还会在孩子出生之前传递给他们，在哺乳过程中也是如此。如果你不以身作则，自己购买和使用有毒化妆品，你还能责怪你的女儿也购买和使用同样的有毒产品吗？这真的是你想要传承给后代的生活方式吗？

让我告诉你老钱女性的做法：当涉及自己和孩子的健康时，她们会不厌其烦地提出很多尖锐的问题，直到得到满意的答案。如果她们对可能影响自己或孩子健康的产品得不到满意的解释，那到此为止，她们不会再购买这种产品。她们不允许家中出现这种产品，更不允许自己和孩子使用它。她们把健康看得比外表更重要，因为只有拥有健康、干净、清爽肌肤的女人看起来才更美丽。

警惕你脑海中的声音，尤其是当那些告诉你必须化妆才能迷人的声音出现时，请顺应你的直觉，诚实地面对你的身体，要知道美丽的"真实成本"绝不能以健康为代价。

有毒物质及其与健康的联系

现在，让我们来看看化妆品中的有害成分以及它们可能引发的健康问题。这些物质包括：

- 对羟基苯甲酸酯（Parabens）：因为它可以模拟雌性激素，所以可能扰乱激素水平，另外，它还具有生殖毒性、免疫毒性和神经毒性，不仅刺激皮肤，还增加患乳腺癌的概率。它主要存在于洗发水和其他沐浴产品中。

- 甲醛（Formaldehyde）：主要存在于指甲油和美发产品中，是一种已知的致癌物质。

- 芳香物质（Fragrance）：这个词在产品标签上的话可以表示任何东西，因为生产公司并不需要披露到底它包含哪些化学物质。常见的此类毒素包括会导致乳腺癌等疾病的激素干扰物。购买仅含有有机精油的产品可以避免这种健康问题。

- 煤焦油染料（Coal tar dyes）：虽然已经被禁止用于食品，但仍然被用于生产染发剂、口红和其他化妆品。查看配方标签上的颜色指数（CI），可以帮助确定产品中是否含有煤焦油染料。

- 滑石粉（Talc）：存在于眼影、爽身粉和散粉中，可能引发卵巢肿瘤等问题。

- 矿物油（Mineral oil）：一种石油基产品，是已知的致癌物质。主要存在于乳液、面霜、唇膏和许多其他产品中。

- 铝锆（Aluminium zirconium）：被用于止汗剂，可能引发阿尔茨海默病以及乳腺癌。

- 月桂醇聚醚硫酸酯钠（Sodium laureth sulfate）：可能存在于沐

浴露、去角质剂、洗手液和牙膏中，可能导致皮肤损伤、眼睛损伤和肝脏损伤。它是各种美容产品中未受监管的最危险的化学物质，长期以来一直被用于生产工业清洁产品。

- 丁基羟基茴香醚和二丁基羟基甲苯〔BHA and BHT（Butylated Hydroxyanisole & Butylated Hydroxytoluene）〕：食品工业广泛使用的防腐剂，也被用于各种化妆品中，这些物质会损害身体健康。

许多女性愿意购买昂贵的化妆品，但这些化妆品首先会使男性占主导地位的企业获利，其次还可能导致各种疾病，对有些女性来说还是致命的，这对她们而言是一种极端的不公。在精心挑选化妆品这件事上，无论是为了维护肌肤健康还是合理规划财务，我们都能轻松避免成为时尚的受害者，你要做的就是了解更多信息，购买更健康的产品，或减少购买。

你的选择影响着你的生活、你所爱的人的生活，甚至你不认识的人的生活。

保持明智，保持谨慎，保持健康。

正如我提到的，我在这个版本中收录了过去六年里阅读过的一些博客文章，以启发和娱乐读者。其中一篇显然是关于健康的，请欣赏。

看我能做什么！

2018年8月12日
摘自某"老钱"的博客内容

生活赋予你一个身体，
永远年轻，时常强壮；
你陶醉于宽广的肩膀
和伸展漫长的双腿。

你像无尽的风一样奔跑，
陶醉于新事物，
你展示身体，矫健奔跑，
时常宣称："看我能做什么！"

但很少有人关注
那位灰色的恒久伴侣，
当你欢腾、蹦跳、玩耍，
它步步为营。

时间的阴影与你同在，
每一刻，每一时，
它比你所有的能力
都更加伟大。

因此，善待你的身体，
同时修养你的心灵，
要知道没有什么能保护你
免受日复一日的折磨。

就像一条缓慢盘绕的蛇，
时间终将转而对你发起进攻，
并低语出一个熟悉的感叹：
"看我能做什么！"

教育
Education

教育不是注满一桶水，
而是点燃一把火。

—— 威廉·巴特勒·叶芝

老钱的第二个核心价值是教育。最明显的就是，老钱倾向于将孩子送到哈佛大学、耶鲁大学或其他类似的名校。但教育的深远意义及其后续对个人的影响，远不止于此。

老钱在子女很小的时候就开始陪他们读书，这加强了他们与孩子之间的联系，唤醒了他们年幼的心灵。用充满关爱的方式陪孩子读书，并全身心地关注他们，会在孩子心中建立起书籍和爱之间的联系，这有利于他们将书籍与积极的情感经历联系在一起。在他们今后的生活中，这种关联的价值是不可低估的：如果年轻人在伟大作家的著作中寻找人生挑战的答案，而不是在药物、暴力和酒精中寻找，那么世界将会变得非常不同。

老钱会投入时间和精力去培养孩子的智力和想象力。他们带孩子去图书馆、去郊游。他们与孩子共进晚餐，进行生动而睿智的交谈，而不是坐在电视机前看电视。最重要的是，老钱通过多阅读、少看电视、少刷手机为孩子树立了榜样。

老钱会优先考虑孩子的教育，即使无法就读私立学校，也会确保孩子接受最好的公立教育，即使他们为此要生活在更为简朴的环境中。其他人可能会在教育质量较差的地区购买更好的房子，老钱则会选择在教育资源更好的地区租一个较小的公寓。相对于购买私家游艇或新汽车，老钱更愿意为聘请家庭教师花钱，并鼓励孩子参加课外活动，以确保他们得到优质的教育。

优质教育的关键在于早期启蒙。阅读、写作和数学技能都应在孩子幼年时就开始培养。老钱家庭会把孩子送入管理严格、务实的小学或预备学校。他们的孩子通常穿着校服，这是为了让他们认识到平等的理念，并提醒他们自己的首要身份是学生。有些学校按性别分班，以提醒学生上学是为了学习，而不是社交。无论家庭收入水平和社会阶层如何，对父母来说，整天被认真、严格、充满热情的教师用具有挑战性的概念和艰巨学业"狂轰滥炸"的孩子更容易受到教育。如果孩子幼年时期在学术方面就有被严格要求的经历，那么他将更容易适应大学里严格的学术要求。

老钱家庭对孩子上大学并最终毕业有绝对的期望。这种心理期待会促使孩子在早期就养成良好的学习习惯。他们几乎不会容忍孩子糟糕的学业表现，同时会鼓励孩子参加体育、戏剧、音乐或辩论等课外活动，孩子几乎没有什么讨价还价的余地。

最好在孩子幼年时期就向他们传达获得良好教育的重要性，甚至在孩子出生之前，父母就应该做好规划。教育对于提高生活质量至关重要，并且是（社会阶层）向上流动的常见要素。除此之外，它能帮助人们了解社会，了解事物如何变化以及哪些是从未真正改变的事物。一件事一旦开始做，即使不喜欢，也要把它做好，这一点至关重要。在个人层面上，教育赋予了人们选择的权利、独特的视角和丰富的思维方式，而且一旦获得就无法被剥夺。

大学主修英语文学的学生毕业后可能选择从事房地产工作，这并不意味着他的大学教育被白白浪费了。确实，某些工作需要特定的专业人才。然而，教育的价值不仅在于通过学习获得技术知识，还在于能在整个大学生活中接触到视野更广阔的充满热情的老师，与拥有不同背景的同学交流，以及为理解消化更为细致而微妙的知识概念而付出的努力和由于拥有比以往更多自由和责任而带来的惶恐与欣喜。最理想的状态应当是，大学是一段将青少年安然引领至成年的旅程。这段旅程不仅是知识的积累，更是思维的拓展与磨砺。在其最本质的层面，大学引领着学子们从"贫困"的困境中走出，迈向自力更生的新起点，乃至最终抵达生活富足的彼岸。

显然，经济优势使优质教育更容易实现，但有限的经济能力不能成为不为自己或孩子提供教育的借口，因为有大量的助学金、奖学金和经济援助可供利用。

教育是需要规划、优先考虑并不断落实的事情。对你自己的孩子，你可以从本地的公立学校开始规划。如果你认为你的孩子在现在的学校能得到足够的教育，那你可以考虑为孩子较弱的科目聘请家庭教师以获得帮助；如果你觉得孩子没有得到优质的教育，你可以考虑为他寻找其他社区的公立学校或私立学校。不要假设你承担不起学费或者孩子不适应，学校可以因材施教，孩子也能适应。

对于许多雄心勃勃的年轻人和家长来说，进入常春藤盟校堪称进入上层社会、融入老钱圈层的圣杯。这些学校包括哈佛大学、宾夕法尼亚大学、耶鲁大学、普林斯顿大学、哥伦比亚大学、康奈尔大学、布朗大学及达特茅斯学院。斯坦福大学是美国西部的一所优质学校。这些学校规模庞大，能提供优质教育，并拥有极具影响力的校友会。

常春藤盟校多位于美国东北部。这是欧洲人最早定居的地区，因此比起美国的其他地区，这里拥有更悠久的历史和更深厚的文化。波士顿被称为"美国雅典"，而洛杉矶永远不会有这样的称号。如果可以的话，你或你的孩子到东北部的学校接受教育是个不错的选择。

如果不具备这样的条件，也要选择去你所在地区最好的大学或学院。在这种情况下，"最好"意味着在你所选的学科领域有强大的院系（例如，得州农工大学有强大的工程系），以及拥有强大校友会的学校（在洛杉矶成为 UCLA 或南加大的毕业生具有巨大的优势，无论主修什么专业）。在学校学到什么以及毕业后可以联系到谁，是这个"最好"的关键。所以在这两个方面，必须努力追求卓越。

如果你是成年人，通过晚间、周末或在线课程继续接受教育是丰富生活和提升学习新技能的好方法。当地的大学和学院提供了许多这样的机会，你可以去做些调查。

教育还有一些不那么明显的方面，即阅读和旅行，这将在本书后面章节进行详细的讨论。

实用提示

- 孩子的教育是首要任务。确保你的孩子在现有条件下接受最好的教育。你可以搬到更好的社区，换一份工作，或牺牲其他一些东西。
- 与孩子进行交流，并注意倾听。
- 当孩子告诉你一些令人震惊或难以置信的事情时，不要过度反应，因为通常这不会是你最后一次从他们那里听到这样的事情。

- 孩子通过你来到这个世界，由你抚养，但他们不是你的附属品。他们是独立的个体，有自己的道路。你应该尽最大努力以身作则教导孩子，为他们提供支持，但有些事情必须他们自己去学习。即便在学习过程中会得到教训，只要这些教训不会危及生命或造成永久性的伤害，那就没问题。

- 不要过度干涉。让他们自己学习，或从同龄人、导师那里学习。

- 不要将你的孩子的教育完全交给学校和老师。你是他们的第一位老师，也是最重要的老师，所以要积极参与其中。

- 确保你的孩子掌握语法、拼写、数学和科学的基础知识，确保他们的生活和教育有条不紊地进行，这些是他们立足社会的根本，并让他们有安全感。

- 尽可能让你的孩子吃到最好的早餐。如果可以的话，早点儿起来为他们准备。营养良好的孩子会成为更好的学生。

- 不要扼杀孩子的创造力。那能给他们带来快乐，也是他们送给世界的礼物。你需要做的是，鼓励他们有效地运用创造力。

- 坦诚地看待孩子的天赋。你的孩子可能更适合成为艺术家而不是律师，你要接受这一点。告诉孩子，无论他们选择什么职业，你都可以接受，唯一的要求是他们要尽力做到最好，并从中得到快乐。但是他们仍然必须接受教育。

- 与孩子的老师建立良好的关系，经常和他们交流。他们能够看到你的孩子身上的某些行为，而这些你可能永远不会看到。

- 在孩子学校的食堂吃顿饭。如果食物质量不佳，就自己给他们准备早餐和午餐。

- 让你的家成为其他孩子都喜欢来玩的地方。

- 尽量去了解孩子朋友的父母，与那些和你价值观相同的家长建立良好的关系。

- 了解孩子正在学什么，或者没有学到什么。别着急买新车，先请一个家教帮孩子补习他们较弱的科目。

- 鼓励孩子更多地了解他们特别感兴趣的事物，支持他们的兴趣爱好。

- 在家中设定电视、电脑和手机的使用时间。了解孩子浏览的网站，知道他们在网上和谁交流。研究表明，随着观看电视时间的增加，人的智力会下降。这不是巧合。

- 电子游戏是对金钱和大脑资源的浪费。设定好孩子接触它们的时间。

- 要求孩子学习第二门语言。尽早开始，自己也要加入其中，并在家中使用这种语言，让学习过程变得有趣。邀请能流利说这门语言的邻居或同事来家里和孩子交流。一门新语言就是一个新世界。

- 让孩子学会弹奏一种乐器。这会提高他们的智力，丰富他们的情感。比如 El Sistema（教儿童学习乐器的一个机构），他们为经济背景良好的学生提供乐器、音乐课程和管弦乐训练。

- 定期带孩子去图书馆。从小就带他们读书，鼓励他们阅读自己感兴趣的书籍，了解他们正在读什么。阅读能滋养他们的心灵。自己也要为孩子树立榜样，多读有价值的书籍。

- 家中有一个藏书丰富的房间是一笔财富。没必要买正价书籍，可以到二手书店挑选书籍，网上也有二手书可买。书展也是家长和孩子的好去处。请图书馆员推荐一份经典书籍清单，它们往往是一个优质图书馆的经典书目。如果孩子在上学之前就已经读过未来将在学校接触到的书，他们就会领先一步。

- 想让你的儿子读莎士比亚，那就告诉他女孩子喜欢莎士比亚。

- 如果可能，带孩子和家人一起去度假或短途旅行，以增强家庭纽带，让家庭成为孩子最重要的同伴群体，并给孩子一种归属感，这样，他们就不太可能从家庭以外的不良渠道寻求归属感。这样一段隔绝外界影响的时间，会让他们更难对你有所隐瞒，也会让他们三思而后行，避免做出让家人失望的事情。

- 如果你在孩子面前出糗了，就承认吧。如果可能的话，自嘲也是不错的选择。

- 如果你注意到孩子的行为突然向坏的方面发展，那就直接面对，并密切关注，直到你弄清楚出了什么问题。要给予孩子支持，同时态度要坚定。

- 在孩子是婴儿时，你可能拍打过他们的屁股或手，也可能没有，但无论出于何种原因，你都不能打处于任何年龄段的孩子。如果你怀疑其他孩子受到了虐待，请报警并联系当地社会服务机构，并进行二次报告以防止虐童事件被忽视。

- 教导孩子正确看待金钱、酒精和性。如果正确对待，这三者都会为生活增添乐趣；如果因为无知或疏忽而处理不当，灾难可能随之而来。要坦率、诚实，并且准备好回答问题。这些谈话可能会令人尴尬，但如果视而不见，可能导致更糟糕的结果。

- 在你决定养育孩子之前，请思考以上所有事情。如果你已经有孩子了，那么就祝你好运。

可善加利用的人

　　家教。家教可以帮助你的孩子学习有挑战性的科目。大学生通常会以非常合理的价格提供家教服务，他们也可以成为很好的榜样。

图书馆员。这些无名英雄精通书籍，也了解孩子。他们见证了无数对知识充满渴望的孩子在图书馆的殿堂中探索、成长。和他们成为朋友，并将你的孩子引荐给他们认识，他们将对你的孩子产生很好的影响，也会成为你的盟友。

彼时与此刻

获得优质的教育是提高生活质量的基石。这是一个历久不衰的道理。

我们不得不承认大学教育的价值。2018年，美国劳工统计局估计，拥有学士学位的大学毕业生每周的平均收入为1172美元，而仅有高中文凭的人仅为712美元。其他估算表明，大学毕业生在职业生涯中通常比没有接受大学教育的人多赚60万美元以上。

当我提到"价值"时，并不仅仅是指赚更多钱的能力。与受教育程度较低的人相比，大学毕业生离婚率更低，健康状况更好，寿命更长。

当然，我知道学生贷款是一个现实存在的问题，而且在社会经济状况不佳的时候，找到工作可能并不容易。但教育并没有失去它的价值，为教育付出牺牲和努力仍然是值得的。

接受教育对于更好地理解自己所处的世界至关重要，特别是在这个看似前所未有的时期。如果你有上大学的经历，你将拥有更好的看待问题的视角、更好的实用技能和心理及情感上的"工具箱"，可以更好地处理信息，过滤掉无稽之谈，并最大限度地抓住机遇。

现在的真实情况是，有些学校开展了线上课程。线上课程是有必要的，但不要陷入认为在线教育就等同于大学经历的误区。大学校园的氛围和活力，虽然可能陌生、混乱和具有挑战性，但它是你接受教育的一部分。你需要结交新朋友、参与学校的传统活动，有时会在去上课的路上迷路，忍受学校的餐食，或者坠入爱河，彻夜学习，并和所有大一新生一样，体验初入大学时如同坐过山车般尽管有时令人反胃却令人振奋的感受。在所有这一切结束时，你将有成为大学毕业生的成就感。当这个过程结束时，你的世界肯定会更广阔、更丰富和更可控。

教育是让你从一个"流着鼻涕"的少年变成成年人的桥梁。不要被那些写文章质疑大学教育价值的记者愚弄。他们很可能自己就是大学毕业生，并在大学毕业后从事编辑工作，而且我敢打赌，那些报纸或在线出版物的老板也是大学毕业生。

如果你怀疑教育塑造人的力量，可以观看 Netflix 上播放的纪录片《狱中大学》（ College Behind Bars ）。这是一个讲述纽约北部监狱囚犯有机会接受来自巴德学院（ Bard College ）教授大学教育的故事。你会看到那些罪犯，尽管他们原本对自己的生活前景持狭隘的看法，却在日复一日的受教育中成了口才流利、深思熟虑、举止得体的人，他们看到了光明的未来。他们态度、谈吐、举止和性格上的变化会让你感到惊讶。亲爱的读者，这就是优质教育的影响。

如果因为个人情况、年龄或职业倾向而无法上大学，你的发展重点可以是借助行业组织或公共机构的认证、许可或担保在相关行业或专业领域合法工作。你接受教育可能是为了成为一名认证焊工、持牌美容师、注册护士或飞行员。这些职业侧重于获得特定的技能，而不是更广泛的学术背景。但它们同样会使你拥有一种可行的谋生方式，以便能够照顾自己和家人，并为社会做出贡献。

如果你是一位家长，你肯定知道自然灾害一旦出现，很可能会打乱一整学年的教育进程，甚至更久。对于小学、初中和高中教育来说，至关重要的教育结构和社会参与被打乱了。无论孩子们对某一学科的热情有多么高，也无论现代科技有多么神奇，教师们都无法在网上与学生进行与之前同样有效的互动。我相信学生和家长都深受其害。

现在就是坐下来跟你的孩子讲述教育重要性的时刻。我相信现在是倾听他们关心的问题、面临的挑战和内心的恐惧的时候，因为迎接他们的是又一个充满不确定性的学年。

面对这些挑战时，请记住：即使在世界上最贫困的地区，父母们也要让孩子接受教育。为此，父母们要日夜工作，节衣缩食，尽可能省下每一分钱。

为什么呢？因为在勉强维持生计的经济环境中，接受教育常常是生死攸关的决定性因素。那将是无法安装室内管道的土坯茅舍和拥有家电的公寓之间的差别，也是终日在田间进行艰苦的体力劳动和拥有充满无限机遇的大城市之间的差别。

如果那些父母在那样的环境下都能为孩子做到这些，我们当下就更有足够的资源和办法在任何艰难时期让我们的孩子接受教育。

正如我所说的，大学教育可能并不适合每个人，也不是每个人都能得到这样的机会，但通过某种形式的教育来培养技能是每个人都可以做到的。我们都可以让自己具备在社会中生存、在经济上独立、为社区做出贡献的能力。

与其他资产不同，一旦你获得了教育，它就永远无法被夺走。

工作伦理
The Work Ethic

如果人们知道我付出多少努力
才拥有这些精湛的技艺,
就不会太惊奇了。

—— 米开朗琪罗

老钱的第三个核心价值是勤奋工作。老钱知道，做没有意义、没有成效的工作，就没有幸福的可能。显然，在许多情况下，老钱工作并不是因为他们需要钱，而是因为在做自己喜欢的事情时会感到快乐。无论是从事能获得报酬的工作，还是为慈善事业做志愿者，老钱都会投入其中。

如果没有富有挑战性的工作，放松也难以带来深层次的舒适感。而老钱之所以享有这种与众不同的优越条件，是因为他可以做自己热爱的事情。这源于老钱内心深知做出贡献的重要性：通过把天赋用于有意义的事业来成就自我；通过创造收入来为孩子们树立榜样；通过孝敬父母来贡献家庭；通过创造就业机会来让世界变得更好，来奉献社会。

老钱能发现他们爱好的事情，并以此为生，你也应该这样做。是的，获得丰厚的收入固然很好，但如果从事你讨厌的工作，那再多的钱也不会让你幸福。

老钱更幸福，即使赚的钱相对较少。他们并不是为了钱而从事这项工作，而且他们很可能在自己真正热爱的事业中赚更多的钱。这是老钱做自己喜欢的事情随之而来的产物，当然，也是做自己擅长的事情并将这种成果或服务贡献给世界的附带产品。

认识、接受并追求自己真正的事业需要勇气和强烈的自我意识，这对于过上充实的生活至关重要。发现并拥抱它永远都不会太早或太晚。

从小就被灌输这样的工作理念：在所选定的事业中做得出色非常重要，不论它是否具有潜在的经济回报或在社会中被认同，一定要全力以赴。老钱在有成就的人身边长大，他们深知自己与生俱来的特权和随之而来的责任感，这种责任感让他们杜绝了懒惰、三心二意，或得过且过。

严格的预备学校课程培养了他们良好的学习习惯，体育锻炼培养了他们的自律，阅读和旅行完善了他们的性格和智慧。敏锐的自我意识可能使人对传统持有傲慢的漠视态度，但内心仍然有基本的职业道德。

老钱常说：行动起来吧。

关于老钱的工作伦理，可以从典型例子中找到启迪和方向。作家和设计师伊迪丝·沃顿（Edith Wharton）含着金汤匙出生，是一个顶级老钱女性。她总是奔波在工作和旅行的路上。她写了大量的小说、随笔和论文，同时在美国马萨诸塞州莱诺克斯设计了她绝佳的住宅以及周围的花园。在那个年代，她所在阶层的女性通常没有自己的事业,尤其成不了作家。可她无视这种刻板陈规:她坚持写作,并赢得了普利策奖,过上了丰富多彩的生活。

西奥多·罗斯福在他的一生中坚持了老钱的行为标准。他写了35本书,一生致力于事业精进和公共服务。他在担任美国总统的两个任期中,留下了一个真正了不起的政治遗产,惠及了美国大部分的贫困阶层和工人阶级。他的座右铭是要过"竭力奋斗的生活",他确实做到了。

富兰克林·罗斯福也做了同样的事情,尽管他因小儿麻痹失去了双腿的运动能力(虽然身体有残疾,但他从未气馁),仍然带领美国走出了大萧条,并赢得了第二次世界大战的胜利,是历任总统中任期最长的一位。罗斯福的领袖魅力在于,无论人生际遇如何,他对每个人都彬彬有礼、尊重有加。他的许多政策都是为了帮助穷人和工人阶级。作为领袖,他当之无愧。

需要注意的是,与一些继任者不同,这些总统都生于富有的上层阶级,他们没有将生命浪费在空虚的享乐追求或俗气的物质占有上,更没有利用他们的政治权力来为和自己同样出身的富有阶层谋利。

时间的价值

老钱的一个显著特征是他们不会浪费时间。这并不意味着老钱不享受闲暇时光，也不意味着老钱总是匆匆忙忙。相反，他们懂得享受闲暇时光，同时也保持着从容不迫的生活节奏。不浪费时间，意味着老钱知道时间的价值，并且知道自己无法像存取现金那样把时间存在银行或借贷出去。他们知道，无论以何种方式度过，时间都会悄然流逝，而一旦逝去，便再也无法挽回。

老钱通常专注于最大限度地利用当下，无论是高效工作还是享受愉快的居家时光，都如此。最大限度地利用当下，意味着在做事情的过程中全身心投入，不受干扰，专心致志。这方面最大的敌人是手机、电子邮件、互联网，尤其是电视。

如果你要写邮件或者阅读邮件，那就去写或读。如果你要看电视节目，那就去看，不要漫无目的、昏昏欲睡地坐在电视机前。如果你要和朋友交谈，那就去和他们对话。但不要试图同时做这三件事情，那样会失去某些东西。最重要的就是最大限度地利用时间的能力。

老钱不相信所谓的"同时处理多项任务"，这通常只是假装同时做多件事情，但往往一件事都做不好。专注于一个任务、一项活动或一个人，全身心投入，这样，在工作时你会更有效率，在娱乐时你会更开心。

自律

老钱知道生活的许多方面都取决于能否在需要的时候做需要做的事情，无论你是否喜欢。事实上，这可能是所有正规教育中都需要重点学习的一课。老钱知道在生活早期或任务开始初期就应养成自律的习惯，这个习惯会让你以后的路更加一帆风顺。必要的但有时并不愉快的工作也许不能顺其自然地开始或完成，人们往往更喜欢把这些事推迟到以后或根本不做，但养成自律的习惯仍然非常重要。

最好为生活中的不同领域制定目标，不仅仅是职业或财务上的。老钱过着平衡的生活，你也应该如此。制定目标有助于培养自律的习惯。从小事开始，先整理好你的衣橱再去面对整个世界。如果你在学校或体育运动中还未享受到自律的好处，那就从你想要改善的生活领域开始制定小的日常或每周目标。避免做毫无意义的事情，在养成习惯前要有明确的目标。制定的第一个目标可以非常简单，甚至不需要努力就能做到，但一定要做到，达成你的第一个目标，然后承认你的成功。制定的第二个目标可以有一点儿挑战性，然后达成目标并承认你的成功。再制定下一个目标。

对于实现目标所需的努力和资源，要非常坦诚，不要自欺欺人。如果你制定了一个目标，却没有去努力实现它，问问自己为什么。大多数时候，原因在于自尊。但生活的课题就是接受我们的出生环境，或抛弃或完善或重塑它们，以成为我们想要成为的人。

对于短期的、可实现的、真正切合你对生活长期梦想或愿景的目标，要持续努力，这是获得幸福和成就的一种方法。此前已经说过，但请让我再次重复：真正的成功不在于实现你的目标，而是在这个过程中成为更好的人。

成功是一种反馈：你做的一切都正确，或者你的目标没有设定得足够高。你可以做得更多吗？恭喜你，继续努力。

失败也是一种反馈：你做的并不完全正确，或者你没有足够努力。从中学习，不要抱怨，继续努力。

实用提示

- 寻找你所向往职业中的榜样，看看他们走过的路是否能给你一些答案。
- 找一位导师。这位导师可能从事着你想用来谋生的职业，或者曾经指导过其他人在你选择的领域里取得过进展。倾听他的意见，采纳他的建议。
- 有哪些活动让你全神贯注？你能以此为生吗？
- 你天生擅长做什么？
- 如果你不必为了谋生而疲于奔命，你每天早上期待做些什么？如果答案是你目前为谋生而从事的工作，那恭喜你，你是幸运的少数人之一。
- 不要考虑工作 8 小时或 10 小时。专注于连续工作 45 分钟，专注于手头的任务，不间断也不拖延，然后在条件允许的情况下，休息一下，之后再次投入工作 45 分钟。你会在更短的时间内完成更多的工作。
- 了解你选择的职业有什么要求，并尽可能做得更好。
- 善始善终。
- 如果你告诉了别人你要做什么事，那就去做。

- "不值得"通常意味着"我不值得"。
- 真正的竞争是比你之前的所作所为做得更好,然后不断超越自我。
- 当你努力做某事时,你尊重了任务,也尊重了自己。

可善加利用的人

导师。一个正在从事你想要从事的职业,或曾经为其他成功人士提供过建议的人,在你追求职业生涯的过程中是非常宝贵的。

同事。没有人可以独自成功。同事能提供支持、推荐和资源,因此要培养良好的同事关系。但在请求帮助之前,请先主动提供帮助。多助人,少求助。

彼时与此刻

作为雇员、企业主或服务提供者,你很可能需要付出更多,才能获得相同的薪资或利润回报。

这也是金融危机的自然后果：市场竞争更加激烈，顾客消费更加谨慎，公司对薪资支出感到担忧。每个人都想得到更多，以便领先；但又想支付更少，以保留现金。雇员和供应商往往不得不变得更加高效和创新，以保住自己的工作、留住客户，不求繁荣发展，只求继续生存。

这常常会促使伟大的发明和杰出的商业理念进入社会和市场。它也会揭露出不道德商人的残酷本性，这些人寻找一切机会来压低工人的工资，并向顾客收取更高的费用。

在你努力工作时，你必须注意这种行为，同时保持自己的操守，无论是作为老板还是雇员。这是利用机会的时候，而不是利用人的时候。

但也有积极的一面，那就是你如何让与你合作的每个人更有价值。商业巨头和销售专家每周至少出版两本书，来详细描述他们如何创造价值、赢得客户并取得成功。你可以按照自己的需求筛选其中的内容。

我将以巴黎的客户或顾客的身份，向你讲述亲身经历，以便简要阐述文化在服务艺术方面的卓越之处。也许其中一些例子可以提高我们与同事和客户互动时的职业素养，并培养得体的行为。

这是日常光顾的附近咖啡馆里发生的一幕。无论你是第一次进入咖啡馆，还是这里的常客，店员都会亲切地向你问好，至少会有一名员工用热情洋溢的声音向你打招呼："Bonjour！（法语：你好）"通常和你打招呼的有好几名员工。

无论咖啡馆有多忙或有多安静，你的需求几乎会立即得到满足。"你是想吃点儿什么，还是只喝点儿饮料？你是一个人，还是要和别人见面？你想坐吧台，还是坐这张桌子？"

如果你的法语不太好，他们会试着用英语和你交流。他们的服务及时、敏捷，响应迅速，但不会给人过分的压迫感。这些从事服务行业的人是专业人士，但他们不是仆人。你可以尽情提出要求，但不可粗鲁。他们会给予你最好的服务，也需要尊重。

等你第三次光顾，他们就已经知道你喜欢的咖啡口味和你更喜欢坐在哪里。他们不会与你分享他们的人生故事，但会耐心地倾听你向他们讲述在当地经历的趣事。

这种热情周到的服务在这里随处可见，无论你是花 5 欧元买一杯浓缩咖啡，还是花 5000 欧元买一套高级西装。如果你真的走进巴黎纸醉金迷的奢侈品店或高档娱乐消费场所，那你就要准备好进入另一个世界。当你进入一个精品店或酒店时，热情的员工会向你问好。他们不会盯着手机或抱怨早上在家里过得不好，他们只会专注于自己的工作：专注于你，确保从你踏进门的那一刻开始，就感受到被重视和欣赏，而不是被边缘化或没有受到欢迎。

最近我在一家知名男装店有一次愉快的经历。我走进店铺，听到了我现在喜闻乐见的那个"Bonjour"。"今天我们可以为你做些什么？"店员问道。我解释了想购买的商品，销售人员立即向我介绍了有相关产品经验的伊丽莎白。

伊丽莎白向我介绍了自己，并问我是否第一次来他们店里，我说是的；然后伊丽莎白询问我是对成衣还是定制产品感兴趣，我选择了定制。"好的，请跟我来。"我们乘坐私人电梯到达了负一层。伊丽莎白详细介绍了这里提供的各种服务，并请我浏览各种面料。

"想要喝点儿什么吗？"

"来一杯水就好，谢谢。"

"好的，请随意欣赏我们的系列，我马上就回来。"

伊丽莎白很快端着我要的水回来了，然后开始认真介绍面料。当我选好了一种面料，伊丽莎白仔细向我讲解，并提供了一些价格信息。她打开了一本书，说明了我可能需要花费的范围。整个过程没有压力，没有犹豫，没有紧张。她只是从一位顾客在进入这家店并第一次遇到这种质量、工艺和服务水平时可能的心情出发，消除了我的所有顾虑。

接着是试衣环节。裁缝文森特加入了进来，然后是一系列礼貌但有针对性的提问。他们并不急着为我量身定制衬衫然后马上收钱。他们的关注点放在了解我过去穿过哪些衬衫、穿它们的感受上。

他们首先想了解我。"所以，你今天为什么来找我们？""你想要的衣服是上班穿吗？""你通常穿什么风格的衣服？休闲装还是正装？""你想要如何搭配和穿着？""你穿着衬衫时需要大量活动吗？""你经常旅行吗？你在旅行时穿什么？"

直到他们对我有了相当的了解后，对话才转向了衬衫。"你对领口和袖口的松紧度有什么要求？""你喜欢衣服在腰部的合身度吗？""你能再试一次吗？""你之前的衬衫穿着怎么样？它们很快就变得太紧了吗？""我们要为你制作的衬衫是在工作场合穿吗？""这件衬衫是用于休闲场合还是正式场合？"

这个过程中，他们都在记录我的感受、兴趣、偏好和品位，然后将它们应用到手头的工作中。

作为顾客，我对得到的服务感到满意，并对他们感到信任。当我选择了一个领口风格时，伊丽莎白在说出"当然，塔利先生"之前犹豫了一下。我停了下来，问她对这个领口风格有什么看法，她平静地回答："我觉得有点儿过于张扬。"

这可能是一个紧张的时刻,但事实并非如此。为什么呢?因为这个匠人团队花时间了解了我,他们了解我的生活,提出问题,回答问题,并且按照我的要求制作衬衫的每一个细节。所以,当他们提出异议时,我心悦诚服。我乐于倾听,也想要最好的。我并不担心出错,因为我知道他们把我放在第一位。

我转向文森特和伊丽莎白,问:"你们见过很多客户,很多人的面容和体型都和我相似。你们会推荐哪种领口?"他们给出了两个选项,我选择了第一个。

当我最终收到衬衫时,我意识到:他们是对的。这件衬衫的领口堪称完美。

我也拥有了一次完美的购物体验。这得益于他们对卓越的承诺,以及他们的职业道德。要知道,职业道德不仅仅是指努力工作、注意细节和始终如一,还包括在商务交往时,你想要让对方产生怎样的感受。

在提供客户服务方面,也有负面的案例,我也经历过不尽如人意的情况。在我的写作生涯起步之前,我曾在洛杉矶的硬石咖啡馆(Hard Rock Cafe)担任餐厅服务员。一个星期五的晚上,在这个喧闹且总是人满为患的餐厅里,有个女人在桌边给她的宝宝换尿布。好像还嫌这不够糟似的,她在我经过时把脏尿布递给了我，问我是否可以"处理一下"。在短暂的震惊和厌恶之后，我点了点头，拿起尿布，直奔装载区的垃圾箱，同时尽量屏住呼吸。这样对待与你一起工作或为你工作的人显然是不恰当的，这是一个反面案例。

可悲的是，任何曾在服务行业工作过的人，尤其是餐厅和酒吧服务员，都能讲出很多类似的故事。关键在于：你要努力成为最体贴周到的服务提供者，也要成为最善解人意的客户。

职业道德在老钱文化中的重要度是毋庸置疑的，它的缺失通常会被直截了当地指出，你很快就会在下面的内容中读到。不管这个人是谁，也不管这个人有多老，多有钱，他们都需要工作。我几年前在巴黎和一个老钱进行的对话会让你了解职业道德有多么重要。这段对话简短、有趣并富有启发性。

典型的老钱对话

2017 年 9 月 26 日
摘自某"老钱"的博客

最近和一位老钱谈论另一位老钱,这次谈话不会发展出友谊,原因则是典型的老钱式坦率。

"你见过他了?"

"见过了。"

"你觉得怎么样?"

"我没觉得他做了什么正事。"

"我看他现在只是剪剪优惠券。"

"是的,我不喜欢那样。我们都可以这样做,但我们却没有。这样显得没有品格与责任感,更不用说给孩子们树立榜样了。"

"我以为你们俩会合得来的。抱歉。"

"没事,没什么大不了的。我们有很多共同之处,但他缺了点儿什么。我只能说这是一个缺陷。坦率地说,我不想在闲暇之余看他展现的不良行为。对他或像他这样的人来说,这只是时间问题。如果你不工作,你有什么可以聊的呢?——再喝一杯?"

"当然。(长长的停顿)你知道我在工作,对吧?"

(笑声)"你是个作家,我们可拿不准你们这些人。"(更多的笑声)

礼仪礼貌
Etiquette And Manners

人生短暂,
但总有时间来修养礼仪。

—— 拉尔夫·沃尔多·爱默生

◆

礼貌是老钱的第四个核心价值。相传可可·香奈儿曾说过，礼仪是给那些没有礼貌的人准备的。她可能是在暗示：礼貌是常识，而礼仪是要求更高的行为。你可能不知道在正式晚宴上该使用哪个叉子，但如果你彬彬有礼，别人就不会计较这些。然而，如果你缺乏做人的基本教养，再多的礼仪培训也无济于事。

礼貌非常简单，总体上都是基于常识和常规的礼节，讽刺的是，这些常识却并不是共识，它们还需要不断地练习和培养。尽量成为一个有教养的人，即使在最困难的情况下也要礼貌地对待他人。这是一份不花钱的礼物，而且会让世界变得更美好，让你成为更好的人。对于老钱来说，这也是一个暗示，表明你是他们中的一员，或者向往成为其中一员。

如果你粗鲁或缺乏礼貌，你就永远不会成为老钱的一员，也不会长时间接触到他们。有许多书籍详细讨论了礼仪和礼貌，你可以购买一本，并经常阅读。

无论老钱的社会地位或职业如何，他们永远不会以一种居高临下的态度待人。

当今社会，对人际交往最具挑战性的障碍就是手机的使用。它是这个时代的香烟，被许多人使用，却常常令人讨厌，并且最终被认为是对健康有害的。

它确实很方便，让人们能够随时随地处理业务，但这并不意味着人们就应该随时随地处理业务。坦率地说，大多数人在用手机通话或者在餐桌上发短信时，并不是在处理业务。在人际交往的场合中，无论是面对面交谈、共享用餐的时刻，还是其他需要依据基本礼貌和常识，全神贯注于当前任务的关键时刻（诸如开会），接听电话都不是生死攸关的事了。

便携式设备传递了一种假象，那就是它的持有者非常重要，因此他或她必须与谁保持不断地沟通。能有谁呢？你并不是那么重要。除非接电话的是急救人员、消防员、执法人员或外科医生，否则其他的工作并没有那么紧迫。

多花时间与对你重要的人面对面交流、聊天或倾听，和他们一起开怀畅谈，交换想法，同时记得关闭手机。世界不会因此而终结。在你关闭手机的时候，发生任何影响一生的大事件的可能性都微乎其微。即使发生了什么，你知道这件事的时间晚点儿也很可能不会产生任何影响。如果你认为有必要，在关闭手机之前，联系对你最重要的人，并告诉他们你将无法接通电话（很可能他们也不在意），然后再将你的手机关机。

这样做会产生双重效果：一方面会让你身边的人感到被充分尊重；另一方面会让你心态放松，让你真正享受与对方的互动。事实上这就是礼貌起到的作用：让其他人感觉愉悦，让他们与你的互动更加愉快和高效。而且，这不会花费你任何成本，却能带来巨大的个人或职业回报。

经过中世纪骑士和文艺复兴时期宫廷绅士的传承与精心雕琢，礼仪发展成了"行为准则"，无论情况如何都应规范行为。越用礼仪定义并修正自己的行为，你就越接近成为完美的绅士或淑女。

老钱有个谚语：如果你懂得规则，那么就能进入圈子。而第一条规则就是礼貌。

礼貌和孩子

即使你是完美的淑女或绅士，如果你的孩子像猿猴一样荡秋千，你也可能束手无策。作为父母，最具挑战性的任务之一就是教育孩子保持礼仪和礼貌，这是可行的，也是必需的，而且越早开始越好。孩子们天性活泼、率真、快乐，虽然没有人愿意抑制他们的活力，但是他们必须在社会中生活，而学习礼仪就是其中很重要的一部分。

大部分时候，父母行为上的以身作胜过一千次说教。这是大多数父母很晚才意识到的残酷现实，当他们看到孩子表现出令人厌恶的行为时，会问："他们究竟从哪学来的？"（他们就是从你身上学的。）所以，父母们要注意自己的行为，因为孩子们在看着。

向年轻人灌输良好行为的另一个基本原则是解释保持良好礼仪的必要性，因为孩子总是喜欢不断地问："为什么？"所以要花时间进行解释。

请注意，老钱的孩子和其他孩子一样，也会做出令人尴尬的事和恶作剧，让身边的大人手忙脚乱。只是他们不会在公共场合表现出来，这让老钱在公共场合时感到更放心，并且他们都能真正享受一家人在公共场合共处的时光。在公共餐厅的表现至关重要，确保孩子们在餐厅表现得体的一个策略是，外出之前在家里排练去餐厅的情形。周末找一个大家都不是很忙的时间，作为家庭时间，向孩子们解释一家人要排练去餐厅的场景，这样每个人都会知道什么行为是得体的，什么行为是不能被接受的。

排练时，如果父母中一位扮演男主人或女主人或服务员的角色，另一位则扮演陪同孩子的顾客角色。首先家人将受到餐厅服务员的欢迎，随后会被安排就座并拿到菜单（让孩子们来写菜单，他们会喜欢并产生参与感）。服务员会来点餐，每个家庭成员都为自己点餐，并说"请"和"谢谢"。接下来是上菜并享用餐食（让服务员休息一下，坐下来和家人一起用餐）。在这个过程中，对话的音量保持适中，餐巾放在膝盖上，手肘不要放在桌子上，不要发脾气或乱扔食物。就餐结束后，如果孩子们表现良好，可以给予适当的小奖励。

大人应温和地提醒孩子这就是他们在公共场合的行为方式。在自己的房间或自家院内，他们可以尽情地跳跃、大声欢笑、尽情尖叫、在泥土里玩耍，直到他们满足为止，或者直到邻居抱怨为止。但在公共场合，需要有与之不同的行为。如果孩子们知道被期望的行为方式及其时间和原因，他们更有可能遵守规则，特别是如果他们还有很多其他时光可以享受做孩子的乐趣。

花时间教育孩子讲礼貌，要坚持不懈，要做出榜样。吵闹、粗野和行为不端的孩子不可爱，也不讨人喜欢。不要想着"他们不过是小孩子"，其实这样的孩子更令人讨厌。

家庭礼仪

老钱知道，对朋友、同事和陌生人保持礼貌很重要，对家庭成员也同样重要，甚至是最重要的。

在家里，老钱会说"早上好"和"晚安"；如果有人在做饭，他会主动提供帮助；老钱会穿着得体，他们不会只穿着短裤、光着膀子在家里四处走动。

当饭菜准备好时，老钱会穿着整洁（即使是休闲装），礼貌地准时出现在餐桌旁。用餐时，老钱不发短信、不玩游戏，也不回复邮件或接电话。家庭用餐是联系感情、讨论每个人的生活、互相支持和鼓励以及分享欢笑的时刻。尽管也可以讨论严肃的问题，但不愉快的话题应该远离餐桌。

用餐时，餐巾放在膝盖上，细嚼慢咽，享受美食；不开电视，也不播放收音机。当用餐和交谈结束时，担任厨师的雇员或者家庭成员都应被赞扬和感谢。家庭成员应有礼貌地离开，并且自己收拾餐具。

老钱的孩子可能善于收纳打扫，也可能有些邋遢，但是大人通常会教导他们，让他们明白，即使有人为他们洗衣服、换床单，房间的整洁也应由他们自己负责。老钱家庭的孩子从幼年时期就会保持整洁有序，而且他们必须学习做到这一点。

他们会邀请朋友来家里，所以整洁程度必须达到标准。

老钱家庭的电视是在特定房间观看的，通常是独自观看或与家人一起观看特定节目。如果需要进行重要的谈话，他们会关上电视，或者与谈话人去另一个房间。

总的来说，保持礼仪有助于营造轻松、文明的家庭氛围，这样的家庭能让孩子和大人都感到安全、受欢迎和被支持。

实用提示

- 如果你是男士，在进入大楼时要为他人开门，当女士或孩子上车时也要为他们开车门。
- 要经常说"谢谢"。使用感谢信来表达谢意，发电子邮件和短信来转达是不够的。
- 吃东西时不要说话。
- 在公共场合，不要大声说话或大声笑。
- 在公共场合，女士要分清在什么情况下微笑，以免被误解。
- 在餐厅，如果不是你付账，请不要点最贵的菜。因为这对于付账的人来说可能是一种负担。

- 手肘不要放在桌子上，要坐直。最容易的方法是贴着椅背坐并挺直身体。

- 把餐巾放在膝盖上；不要大声啜饮汤或咖啡；吃得慢一点儿；咀嚼食物时请把嘴闭上。

- 即使你认为没必要，也要用餐巾擦嘴。这比让别人提醒你要更可取。

- 把食物从盘子送到嘴里，不要把嘴凑近盘子。

- 不要用叉子指向别人，不要用任何餐具指来指去。

- 说话清晰，不要含混不清；听别人说话的时间要比自己说话的时间多一倍；记得提问。

- 谈论一些有趣和充满智慧的话题。通过阅读书籍、报纸以及充实自己的生活来做到这一点。

- 如果可能的话，充实自己的生活。

- 不要抱怨，不要传播流言，不要自吹自擂。

- 如果你是男士，无论情况如何，绝对不要抛弃可能处于危险中的女士，要挺身保护她。

- 如果你是女士，绝对不要让男士受到他人不公正的指责或羞辱，请站出来替他说话。

- 不要在卧室外讨论性话题；在家庭外不要讨论疾病；不要讨

论金钱，除非涉及商业交易。

- 永远不要讨论一个人或一个家庭有多少钱，包括你自己和你的家人。

- 不要讲粗俗或种族主义笑话；不要说脏话。

- RSVP 是法语 Répondez S'il Vous Plaît 的缩写，在英语里的意思是"请回复"。这意味着要及时回复邀请你参加活动的主人。请做到这一点，否则你可能再也不会收到邀请。

- 先生们，要像对待淑女一样对待女士；女士们，不要与行为不绅士的男士出去或发生性关系。

- 所有人，请经常嚼口香糖。

可善加利用的人

你可能希望咨询你所在地区的礼仪专家，或者学习教授礼仪的课程。你可以考虑召集一群朋友一起参加，这样做既能带来更多乐趣，还可能让价格更便宜。

不过，没有什么比直接向权威求教更好的了。如果你愿意就礼仪问题征求你所在社区老钱的想法和建议，他们可能会倍感荣幸。他们大多认为世风日下，并对此有一套自己的看法，因而愿意通过帮助你来扭转这一局面。

如果要征求某个你不认识的人的建议，你可以先与了解他们或听说过他们的人沟通。你要清楚地表达你的诉求以及动机。如果你所在社区的老钱同意帮助你，请一定遵守他们的时间，并充分利用。

彼时与此刻

举止、礼貌、常规礼节，对这些再怎么强调也不为过。尽管以下内容可能和上文有所雷同，也请让我分享一些关于这个重要核心价值的零散思考。

礼仪和礼貌包括结构性的仪式，比如说"早上好""请""谢谢""对不起"；同时也包括那些自发的善良和慷慨的举动，比如为身后的人挡门。

有礼貌让我们在日常生活中更游刃有余，更容易把事做好。

保持礼貌很重要，但如果没有真诚，则同样不足以取信于人。

在背后议论别人是卑鄙和懦弱的行为。

对话的最高层次是交换观点，或谈论双方都感兴趣的事；中等层次是讨论当前事件；最低层次是讨论他人，也就是八卦。请选择高层次的方式。

在社交场合，我们都希望轻松愉快。如果每个人都了解规则，那就很容易做到。而保持礼仪就是这套规则。

显然数字时代沟通更加灵活，但不幸的是，也更加随意。然而，这并不是懒惰的借口。为此，请掌握沟通中的"最佳做法"，并坚守那些历经时间考验的"黄金标准"。良好行为是文明进步的标志，更是对祖先智慧与努力的尊重与传承。

数字时代让我们变得缺乏耐心，我们希望立即得到一切：信息、回复、包裹。然而，了解一个人需要时间。当我们有礼貌时，这个过程会更加愉快和高效。

具有讽刺意味的是，在压力最大、最紧急的情况下，花时间保持礼貌也可能加快从他人那里获取信息或结果的过程。

无论从个人层面还是职业层面来说，如果不养成良好的礼仪习惯并熟练掌握礼仪的具体做法，你就可能会在某个时刻付出代价。

如果你无法在地铁上短暂地善待陌生人并懂得为对方考虑，你又怎么能做到每天心怀善意和体贴对待配偶呢？

礼貌既是一种高尚的行为，也是一种明智之举。

这个世界没有时间去照顾准备不足的人，也没有时间去解释那些本应该被理解的事情。它眷顾的是全能型的人才：即使不是专家，也要有能力，有学习和适应的能力和意愿，以及与人交往时周到、真诚的举止。现在就请学习礼仪和礼貌吧，以随时准备迎接机遇。

保持礼貌是成为老钱必不可少的准则之一，是我们考虑能否与某人同行或邀请某人的重要信号。这是很务实的做法，也很现实。

我希望你具备良好的礼仪，因为这是正确的做法，而不仅仅是聪明的做法。

如果你是老板，要把你的指示（即使它们实际上不是）说成像是请求。比如："我们今天能安排那个会议吗？"

如果你期望在国际上开展业务，掌握相关的礼节更为重要。

在另一个国家保持礼貌，首要的是学习当地的语言。

保持礼貌并不意味着虚伪，它意味着做最好的自己。请先为他人着想。

保持礼貌并不意味着你是个好欺负的人，它意味着你对他人表示尊重。与那些同样尊重你的人为伍，忽略那些不尊重你的人。

当他人有礼貌时,保持礼貌很容易,具有挑战性的是当他人不礼貌时,你也能保持礼貌。这正是礼仪和礼貌转变为教养和风度的时刻。

近十年来,人们已经不再亲手写感谢信了,这是一件悲哀的事。如果你送给别人一份礼物,而他们没有发感谢卡来表示感谢,那就在他们的下一份礼物中写一封感谢信给他们。我的妻子不让我这样做,但你可以这样做。

当你感到压力重重、神经紧绷、情绪容易激动时,请记住这一点:更要保持礼貌。

当你学习家中举办晚宴、在外参加商务会议和国际外交活动的礼仪细节时,你会发现有一个简单的概念贯穿其中。下文将会为你揭示。

规则和规章

2020年2月24日
摘自某"老钱"的博客

最近我与一位记者进行了一次愉快的交谈，他来了解我的新书《老钱》的内容。

我讲述了我希望通过这本书实现的目标：让这个地球上彻底消除人字拖、T恤和工装裤；这本书的受众为刚从高中或大学毕业的年轻人，以及准备提升形象的年长人士。

当谈话涵盖了所有基本要点后，这位记者向我坦言他曾在寄宿学校（当时都是男生）就读过。他对我在书中讨论的"制服"有着深刻的了解，然后他分享了一个他大学时期非常特别和难忘的时刻。

开学时，他和他的同学来到了学校。不久之后，他们整个新生班被召集到了主大厅。他们将在这里被告知"规则和规章"，这些规章制度将指导和约束他们新生的行为。新生们认为自己会听到冗长乏味的"应该做"和"不应该做"，所以他们洗漱完毕后，慢吞吞地走进大厅坐到自己的座位上，准备好接受老生常谈的"规定"：该做什么，不该做什么；什么是必须的，什么是禁止的；什么是被期望的，什么是不被容忍的——简直是无聊透顶。

校长走上讲台，清了清嗓子，首先对新生们表示欢迎，然后他说:"关于我们这所学校的规则和规章,我来说一下。"

学生们纷纷长出了口气,翻了个白眼。校长继续说道:"我们期待你们始终以绅士的方式行事。"接着他严厉地审视了在场的年轻人,之后便离开了。

学生们最初感到困惑,然后感到高兴,他们互相看着对方,对这样一个单薄、模糊的命令耸耸肩并笑了起来。接着,一些新生开始意识到这个简单而直接的戒律有着多么强的约束性:学生必须自己约束自己的行为,这个责任完全落在了学生身上,而不是学校。很快他们意识到,体面、礼貌、符合伦理道德的行为完全是置于他们自己肩上的担子,无论是集体还是个人。

此外,没有宽限期,也没有可以懈怠的时间。"始终如此"是全面的、完整的、包罗万象的,并且是即时的,不会让他们到大三才逐渐适应这个概念。他们不能只在上课时,或者只在有人看着时才表现得像绅士一样,当他们离开校园度春假或暑假时也必须表现得绅士。所谓的"始终如此"就是指"始终如此"。

至于"绅士"这个词,每个人都知道什么是绅士,绅士的行为举止是怎样的,但为什么校长没有进一步详细解释并提供更多定义,澄清某些术语或界定某些边界呢?

其精妙之处在于其概念性和转瞬即逝的本质:就像水之于游鱼和天空之于飞鸟一样,"始终如一地做一个绅士"的概念会立即包围和勉励这些新生。在这种概念的潜移默化中,"成为一个绅士"将成为他们的第二天性。这个概念如同微风般轻盈,自然地支撑和督促着这些新生。这将成为他们生活中无形但持久、不可或缺的部分。

没有任何围栏、高墙或以惩罚作为威胁,仅仅一个概念就达到了这种效果。

我想,这或许有点儿类似于"老钱文化"。

经济独立
Financial Independence

任何尊严、任何独立
都比不上过自己力所能及的生活
来得深刻而重要。

—— 卡尔文·柯立芝（美国第 30 任总统）

经济独立是老钱的第五个核心价值。毕竟，没有钱就不可能成为老钱。"钱买不来幸福"这一观点，实际上可能误解了问题的核心：事实上，当你有钱时，你会拥有更多选择；而当你需要钱时，很少有什么可以代替钱发挥作用。

大众想到有钱人时，会想到他们住着豪宅、开着豪车、穿着时尚的衣服、佩戴着华丽的珠宝。显然，一些富人和富有的家庭确实有着引人注目的炫耀性消费和广为人知的社交活动。

老钱对这种行为的回应是：今天孔雀炫耀的漂亮羽毛，明天就可能变成人类手里的羽毛掸子。对老钱来说，最重要的是经济独立，而不是炫耀。如果你必须每天早起去做一份令人痛苦的工作来支付豪宅、豪车和衣柜里的高定服装，这又有什么意义呢？如果你每天早上起床就可以做你想做的事情，那才是真正的奢侈。经济独立让人更容易发现自己真正喜欢做的事情，无论是事业还是爱好或休闲。

当你选择简朴的生活方式，将重心放在品格的塑造和事业的追求上，而非过度追求金钱的占有和花费时，经济独立便触手可及。老钱深知物质财富的过度累积可能会成为前行的包袱，因此他们总能做出明智的抉择。但不要认为老钱生活得不好，事实上他们的生活是很好的，他们身着便利、舒适且高品质的服装，家中配置齐全，有员工照顾日常琐事，有私人飞机，经常进行异国旅行：这都是很多人向往的美好生活，但他们不会向人炫耀。

经济独立通常需要努力工作才能获得，并且需要以勤俭来保持。这就是老钱生活简朴而低调的原因。不花的钱就是可以存下和用于投资的钱。更重要的是，老钱深知买东西和花钱并不能使人长期幸福。他们不会挥霍，但也不会吝啬，特别是在家人和朋友面前。老钱是投资者，而不是消费者。

老钱会控制开支，因为很多时候他们依靠投资产生的利息或股息收入生活，这通常是由大额本金产生的月度或季度固定收入。老钱很少动用本金，因为本金就是下金蛋的鹅。理想情况下，这只鹅将为这一代和下一代生下金蛋。老钱已经深谙如何在自身能力范围内优雅地生活，更值得一提的是，他们很多时候的选择都远低于其实际能够达到的生活标准。他们会思考每一笔开支的价值，他们谨慎消费，几乎总是追求品质。他们知道自由是比物质财产更重要的东西。

或许最重要的是，老钱并不试图通过花钱或挥霍来解决情感或心理问题。他们的财务决策是理性和策略性的，而不是情绪化的。

与大多数人不同，老钱会制定预算并在做出支出决策时牢记预算。他们很可能是从家庭中学到了最有效的生活方式，知道哪些事情真正令人愉悦：专注于目标的工作、充满激情的生活、与朋友共进晚餐，并且充分享受这些乐趣。

过老钱式的生活会充满喜悦、激情和兴奋，只是没有太多戏剧化。戏剧化的生活方式会妨碍完成业务、享受生活和维持财务独立。在现代商业世界中，抵抗广告、营销和宣传的冲击对于获得并保持自己经济独立的能力是一项挑战。无数的产品和服务，比如什么"全新升级！""这个秋天必备！""仅限时销售！"等，从各种各样的渠道（电视、杂志、互联网）诱惑着我们，他们承诺如果购买他们的产品和服务，生活会更美好。抵制这些诱惑可能很困难。

为了过上与自身能力相匹配的生活，你必须了解自己。你必须知道自己喜欢什么、不喜欢什么、想要什么、需要什么、什么适合自己，而不是听信广告怎么说。你必须有强烈的自我意识，而不是自私或以自我为中心。

你还必须知道自己有多少钱（收入和资产），以及自己有什么责任需要承担。你必须有明确的财务目标，这些目标与物质财富的积累无关。你必须建立这种生活方式：不依赖和沉溺于购买一个又一个的零售产品或服务。

一旦你努力摆脱消费的怪圈，把注意力放在做人做事上，而非消费上，你会产生一个非常奇怪的顿悟：那些不断传播的产品、服务、促销和所谓的优惠看起来异常陌生，你没有它们也能过得很好。你会知道没有哪个产品能改变你的生活，让你更受欢迎，让你做事更有成效，或者让你成为一个更好的人。你会感觉那些爱吹嘘并在商店购物的人很好笑，并为他们依赖于物质获得自尊感到有些遗憾。

你会做购物计划，也许会为了品质花更多的钱，但总体而言，购买的东西更少、购买频率更低。你用在购物上的时间会少很多，因为你去商店只是为了购买你想要或需要的东西，买完就走。购物不再是社交活动的主要内容，更多的是一种策略：用最少的时间、最合适的价格购买更高品质的产品，这样你就可以把更多的时间用在做你喜爱的事情上。最后你会有更多的时间和更多的钱。你会对过去那些让你忙碌不堪或拮据不已的琐事感到不屑，同时，你也会更深刻地体验到自由带来的喜悦与满足。

孩子和金钱

孩子会从父母身上学习理财和对金钱的态度。就像苹果不会从树上掉得太远，老钱知道，没有良好理财习惯的一代人是迷失的一代人，也可能会失去财富。

等孩子长大一点儿时，每周给他们一次零花钱，并教导他们如何使用。如果他们在一周结束前就把钱花完，以致自己没有钱参加一个特别的活动，那就让他们自己承担后果，这样他们才会足够重视金钱的使用。

鼓励他们通过给邻居除草、做保姆工作、在邻里间开展业务或通过互联网来挣钱。

教导他们长期储蓄，以便未来能买到他们想要的东西。

教导他们明智地购物。如果有一件新型小工具是他们非常想要的，那就让他们用自己挣的钱去买。随着时间的推移，他们会认识到什么有价值、什么没有。

孩子们应该知道这一点：炫耀家庭财富是禁忌，也禁止讨论他人的财产。

如果你的孩子违反了规则，不要通过扣零花钱来惩罚他们，因为金钱不是操纵行为的工具。你可以将剥夺他们的特权作为惩罚，尽管他们仍然拥有零花钱，但若是失去了与朋友共度的时光，金钱的价值便显得微不足道。这无疑是一个深刻的教训，让他们明白金钱的作用与局限，以及生活中其他珍贵之物的价值。

老钱的传承

老钱通过示范和教育让下一代对拥有财富和特权做好准备，也保证了一代人去世、下一代人继承遗产的有序过渡。这减少了在悲伤中用情绪取代理智的可能。即使是聪明和心怀善意的人在受到至亲去世的打击时，也可能做出破坏性、报复性，或者愚蠢的事情。

因此，无论多年轻或多健康，老钱都会准备好一份已经签署和公证的遗嘱，你也应该如此。如果你的财产规模不大、继承人数量有限，你可以在网络上找到能直接使用的模板。对于较大规模的财产，你应该咨询专门从事这一领域的律师。

在家中一个防火的地方保留遗嘱的副本，并将另一份副本交给你的律师或放在保险箱里。确保你家里的每个人都知道遗嘱在哪里，并知道它准确地表达了你的意愿。如果你的意愿改变了，那就修改遗嘱。请考虑插入一个条款：只给那些想通过起诉获得更多遗产的继承人继承 1 美元的"奖励"。这将阻止继承人之间的诉讼,尤其是当遗产规模相当可观时。

慎重考虑担任你遗嘱执行人的人选。律师通常按小时收费来处理遗产的分配,并且他的费用会直接从遗产中扣除。如果出现复杂情况或诉讼,这些费用可能让你的遗产所剩无几。一个情绪化、经验不足或贪恋权力的遗嘱执行人,不管是不是律师,都可能给你数十年的辛勤工作和精心规划造成严重破坏。去世之前,你应该让执行人知道你希望他承担这个责任,而且他本人也愿意承担这个责任,并有时间和能力去执行。你可以考虑用摄像机录制你们两人口头审阅遗嘱的过程,以便确认其中的条款。

如果你的继承人还很年轻或不成熟,需要等他成熟时才能接管这笔可观的遗产,那你可以考虑将大部分遗产置于一个信托基金中,直到他们成熟后才能使用。或者现在给予一部分,剩余的留到以后再给予。承担工作和责任将逐渐磨砺他们的消费习惯,同时塑造出一个独立于财富继承者身份之外的独特个人身份感。这一过程不仅教会他们理财的智慧,更让他们认识到自我价值和独立性的重要性。

在你的遗嘱中或者另一份文件（预先护理指令*和/或拒绝心肺复苏术**）中应该明确说明，当你陷入无法自理或需要在医院维持生命的情况时，应采取的措施。这份文件的名称可能因不同城市而异，请咨询你的医生、律师或当地医院，了解相应的流程以及需要交付的人。为避免长期护理可能带来的高昂医疗费用给家人带来额外的精神与经济压力，我强烈建议通过书面文件的形式来预先规划并应对这一潜在困难。请确保您的主治医生以及家人都持有这份文件的副本，并且每个人都清晰了解并尊重您的意愿和决策，从而共同为减轻这一负担而努力。

请控制葬礼的费用。你会被人爱戴并铭记，但如果丧葬服务费用占据了一半遗产，后人恐怕就不太会记得你的好了。

如果你年纪较大并且生活无忧，可以考虑在世时给你的继承人一些钱，但一定要为自己留足够的钱。你肯定不希望自

---

* 预先护理指令（英文：Advanced Care Directive，缩写为 ACD），是患者生命终结护理的重要组成部分，有时也称为生前遗嘱。ACD 是一份文件，其中规定了患者因严重伤害或疾病而无法表达或传达愿望时对医疗保健的选择。

** 拒绝心肺复苏术（英文：Do Not Resuscitate，缩写为 DNR），又译为不施行心肺复苏术、放弃心肺复苏术、放弃急救同意书，是一种法律文书，患者在平时或在医院时预先签署，表明当他们面临心跳停止或呼吸停止的状况时，不愿意接受心肺复苏术或高级心脏救命术来延长生命。

己还活着时钱就用光了。

实用提示

关注的重点不是你挣多少钱，而是如何管理你所挣的钱。

- 写下你的财务目标，每两个月看一次，以评估进展并做出相应调整。

- 要明确你为什么工作、规划、储蓄和投资。

- 不要通过购买物品来填补情感需求。工作、宗教、家庭和朋友可以满足情感需求。

- 当你在商店看到某些商品时，问问自己："如果我不买这个会发生什么？"如果这是食物，不买你就会挨饿，那就买下它。如果是可有可无的物品，你也真的感觉不到有什么特别的用处，那就不要买。如果你感觉不买就会错过真正有价值的东西，而且你也负担得起，那就考虑一下。如果决定买，就用现金支付。

- 你购买的首要的一批物品是每日使用的物品，其次是每周使用的东西，然后是季节性使用的东西。如果某件物品你只是每年使用一次，那就认真考虑为什么要购买它。

- 当你情绪低落或异常兴奋时不要购物，待情绪稳定时再去购物。

- 如果逛街是为了和朋友进行社交活动，记住你不必买任何东西。此时的重点是友谊，而不是消费。

- 如果一份昂贵的礼物超出了你的负担能力，不要因同辈压力而购买；如果有人送你一份昂贵的礼物，那就感谢他们。但如果他们期望你回赠同样昂贵的礼物，那就别怕他们会失望。

- 送礼是出于给予的喜悦，而不是社交义务。永远记住朋友的生日和其他重要日期，但请在自己能负担的能力内送礼，这样可以避免产生不必要的恩怨纠葛。

- 多用心挑选礼物，通常会花费更少的钱。

- 如果你买不起一份昂贵的礼物，邀请对方喝咖啡或小酌一杯也可以；花时间和他们在一起，告诉对方他们对你意味着什么。这些也是很好的礼物。

- 有些人追求快速致富的计划，也有些人会因追求这些计划而产生的问题感到非常困扰，相比于前者，后者通常是受害者。

- 家里或衣柜里如果有超过 12 个月未使用的物品，问问自己当初为什么买它们，记住你的回答。若决定不再使用，那请把它们收拾起来送给需要的人。若选择捐赠给慈善机构，请务必获取正式的收据，并在税务申报时清晰注明捐赠事项，以确保您的善举得到应有的认可与回馈。

- 当你晋升、加薪或有意外收入时，用其中一小部分来奖励自己和你关心的人。确保你的奖励是有持久价值的东西，比如质量上乘的东西或有意义的东西。你可以为自己感到自豪、欣慰，可以庆祝一下，但要谨慎地和他人分享你的经济效益，并把剩下的钱存起来。

- 在电视、报纸、杂志或网络上看到的金融投资建议通常并不高明，可靠的投资建议通常是由专业人士面对面传达的，他们往往花了很多年的时间研究金融市场的运作方式和各种投资产品的表现。这些人士可能在自己的工作中非常出色并且有很好的业绩，但请记住，他们给你的只是他们认为的最可靠的预测，你自己也要做好功课，因为没有人会像你自己那样照看你的钱。

- 问问投资顾问，他们是不是也投资了向你推荐的产品。

- 不要从贫穷的人那里接受投资建议，理由显而易见。

- 每项投资都存在风险。

- 要了解你对风险的承受能力。

- 要知道，在生活或投资中，只有冒风险才能取得进步。

- 管理你的投资风险。
- 要从每个错误中都学到一些东西,记住你学到的,永远不要犯同样的错误。
- 避免犯大错。
- 在你投资每一分钱之前,想想你积累这笔资金用了多长时间。如果是继承来的,想想你的祖辈花了多少时间才积累起这笔资金。
- 一个显而易见的真理:股票经纪人当然相信股票是一种不错的投资选择。
- 要求任何想要管理你资金的人提供背书,并进行调查研究。如果可能的话,亲自见一见给他们做背书的这些人。
- 在与管理你资金的人交往时,保持适当的距离。因为可能有一天,你不得不解雇他们。
- 无论经济环境如何,总有一些表现良好的投资产品。
- 奢靡是对贫穷的恐惧和对关注的需求;谨慎则是无所畏惧和无所欲求。
- 唯一可以接受的展示自己财富的方式是做慈善。如果你想让儿童医院的某栋楼以你的名字命名,那就去做慈善。
- 保持记账的习惯。每天记录下你买了什么东西,花了多少钱。坚持 30 天，你会改掉浪费的习惯。

- 努力工作；让消费水平低于自己的收入水平；明智地储蓄和投资；当你有能力购买奢侈品时，心安理得地购买并享用，但最好不要张扬。
- 对家人和朋友不要吝啬，但也别犯傻。
- 持续赚钱，定期储蓄，慢慢花钱。
- 仔细审视你的月度开支，考虑替代方案。如果你不为有线电视支付每月 100 美元或更多，会怎么样？如果你不为每周的美甲和美足花钱，会怎么样？
- 给一个有声望的慈善机构捐款，不论你的收入水平如何。
- 生活中大多数令人愉快的事物并不需要巨额的资金支出。尽量去发现它们，因为这才是你该做的。
- 不要使用信用卡、借记卡或提款卡购物，而是使用现金。这样你会花得更少，拥有得更多。
- 不要和朋友讨论你的财务状况；要有选择性地和家人讨论你的财务状况。
- 保持你资产的高流动性、投资回报的稳定性以及管理费用的低廉性。做个计算：如果你明天失业，你在银行的钱能够让你生活三个月吗？生活六个月呢？一年呢？你能否舒适地依靠投资收入生活五年？余生呢？你需要照顾孩子吗？你的孙子孙女呢？忘记昂贵的车和俗气的珠宝。这才是老钱拥有衡量财富的方式。

- 老钱之所以采取这样的消费方式，肯定是做好了充分准备，并且消费也都是有原因的。仔细想想，分析一下，模仿这种方式，并从中受益。

可善加利用的人

你当然不想惹上税务局的麻烦，但也不想支付更多不必要的税费。所以一个高素质的注册会计师（CPA）对帮你维持良好的财务状况至关重要。而且随着你财富的增长，这个人对你来说将变得更加重要。

注册会计师可能会向你推荐一个资金管理者。如果是这样，问问注册会计师这个人是否管理注册会计师本人的个人投资组合，并询问投资表现如何。问问注册会计师是否有你可以与之交谈的客户，以便了解这位资金管理者的情况。当你与这些客户交谈时，可以询问他们与这位资金管理者的合作时间，他们是如何成为这位资金管理者的客户的，他们的投资在长期内表现如何，对他的服务是否有任何投诉。请一定多问。

在你采纳本书建议并开始考虑如何处理剩余的现金时，一位经验丰富且成功的投资顾问将变得非常有价值。资金管理是一门学问，而不是一个爱好或副业。请选择专业的资金管理者或公司评估你的风险承受能力和目标，并为你提供可供选择的投资方案。你不应该是该资金管理者的唯一客户，也不应该是他最富有的客户。

他不应该强迫你进行投资或决策。如果你能找到一位你所在地区与老钱家庭合作的资金管理者，那就去联系他。虽然可能会有最低投资组合要求（100万美元并不罕见），但仍要抓住建立联系的机会，不要因感到害怕就望而却步。

彼时与此刻

经济衰退时，许多人会失业、经济拮据并感到恐慌。

如果你的个人财务状况面临挑战，那么你并不需要说一些关于"实现梦想"的漂亮话。

首先我将为你提供一些可能成为收入来源的潜在工作，其次是告诉你一些衡量"经济独立"的方法。这些将从心理上帮助你了解你目前的状况和未来的目标。

我还将提供一些非常基础的、实用的战略和建议，以帮助你和你的家庭度过经济困境，走向更好的彼岸。

明智的做法是列举和定义八个主要的收入类别，并加以学习。这可能帮助你发现之前未开发的收入来源，并在未来加以开发和利用。最好拥有多个收入来源，因为这样显然可以使你每个月挣更多钱。如果你失去了一个收入来源，但仍有另一个收入来源，你将更容易生存。

收入类别如下：

雇佣收入

这是你每周作为雇员工作获得的收入。这种收入类别的优势在于它的相对安全性和可预测性，即你知道自己需要工作多少小时，要做什么，以及会得到多少报酬。这份工作可能还会给你提供福利，如带薪假期、医疗保险、股票期权或利润分成。这种收入类别的缺点是，可能不足以满足你每月的需求或终身目标，你还可能随时被解雇。

利润收入

这是通过以批发价格购买商品、以零售价格销售而获得的利润，或者提供如拖车、油漆房屋等服务而获得的收入。企业主、专业投资者、熟练工匠、律师和医生在他们的工作收入超过开支时享有利润收入。这种收入类别的优势在于你能赚取的钱没有上限；缺点是你也可能亏损，特别是在市场变化或者你生病或受伤时。

利息收入

这种收入通常来自你将钱存入银行或信用社等金融机构后，他们支付给你使用这笔钱的利息。这样做的优势是，你的钱可能是安全的并在增长，但缺点是与你可能进行的其他投资相比，收入可能非常少。

租金收入

如果你拥有建筑物或土地，你能有选择地将公寓、办公室或土地租给他人居住、工作或饲养动物。这种收入的优势在于，它能够确保你在较长时间内拥有来自信誉良好租客的稳定且可靠的收入来源。缺点是：如果房产需求下降，你可能无法把房屋租出去，或租出去也没有盈利；你还可能会遇到不能或不愿支付租金的租户，而且有可能会遇到自然灾害损坏你的房产，进而影响你的租金收入。

股息收入

这是通过投资股票或其他金融产品而获得的收入,即你所投资的公司使用你的资金,并于每月或每季度向你支付股息。这绝对是老钱家庭最喜欢的收入类别,优势在于提供股息的公司支付的利率要比银行高,并且稳健、管理良好的公司或基金机构可能会带来长期可靠的股息收入,甚至一些股息可能是免税的,比如市政债券。缺点是,像所有企业一样,支付股息的公司或基金机构容易受到市场波动(流行病、经济衰退等)的影响,这可能影响它们未来以稳定利率支付股息的能力。

资本利得收入

这种收入来自售价高于购入价的一次性出售资产(通常是房地产或股票)。换句话说就是,你以更高的价格卖出资产,比如说你购买了 100 股某只股票,股票价格上涨了,你可以选择卖出其中一部分或全部,从而获利。有时候市场的变化可能为股票或房地产带来无限增值潜力,这无疑是一个巨大的优势。这种收入的缺点是通常会征收高额税费,并且它只发生在单一资产的单一交易中。

剩余收益

这种收入源于先前已经完成的工作。例如,演员因出演广告、电视剧或电影而获得的收益。这种收入的优势在于,你无须付出努力就能获得,并且可能会永远有收益。缺点是其收益金额和发生频率取决于市场因素,而你通常无法控制这些因素。比如随着时间的推移,某个电视剧可能不再那么流行。

版税收入

这种收入通常是第三方被许可在市场上利用知识产权而获得的。这些知识产权可能是专利发明、标志性品牌的商标以及电影和电视剧、照片、流行歌曲的版权,甚至是知名人物的名字或肖像权。这种收入的优势与剩余收益相似,收入可能在很长一段时间内持续,并且只需要适当的管理就能产生很高的利润。同样,缺点是这种收入容易受到不断变化的市场偏好的影响。

如果你现在和很多人一样,只试图保持你现在拥有的主要收入来源(你的工作),以度过这段经济危机最严重的时期,那就不要陷入债务困境或用尽所有储蓄。如果你有一个薪水高或至少是稳定的工作,那就尽可能储备现金。如果你能储备足够六个月生活开销的现金,那就太好了。尽快朝着这个目标努力。

如果你的现金已经足够六个月生活开销,那么你可以考虑购买或开发产生收入的资产。请记住,资产可以定义为每月为你赚钱的东西。我上面描述的大多数收入来源都是通过资产产生的。

富裕人士做了许多其他人不做的事情:他们拿出来自一种来源的收入,比如说一份工作,然后用它购买资产。这个资产会产生第二个收入流,比如购买的资产是一只支付股息的股票。然后将这个股息收入用于购买另一个资产,比如一栋房产。以此类推,这就是所谓的叠加资产。

当然,你会说富裕人士一开始就有足够的资金。没错,但有时他们仅仅是从放弃购买一些消费品开始的,比如不买大屏幕电视或新车,而是拿这笔钱投资于能够为他们提供收入并且可能随时间增值的东西。

这种随时间增值的资产或者说积累财富的机会对大多数人而言都是可行的,只需要提高认知(理解金钱的使用方式及其产生的差异)、学习相关知识(了解不同资产以及它们的运作方式)和自律(持续投资产生收入的资产,而不是购买没什么用的消费品)。

不浪费金钱至关重要。同样，不浪费时间也至关重要。你可以利用你现在拥有的金钱和时间在今天做出不同的选择。我希望你做出明智的选择。

现在，这些不同的选择会把你引向哪里呢？

随着时间的推移，明智的选择可能会将你引向通常所谓的"经济独立"的状态。为了更清晰地了解它，我们可以将"经济独立"的概念分解成三个层次：

- 最低水平的经济独立；
- 中间水平的经济独立；
- 最佳水平的经济独立。

如果某人有一小笔储蓄，也或者没有，这就是最低水平的经济独立。那么他需要有一份工作或一种可靠的收入来源，以便每周都能产生收入。如果他失业或不再有收入来源，他很可能需要立即找到另一份工作或另一种收入来源，以避免陷入财务困境。处于这个水平的人有两周到一个月的经济独立时间。如果家庭中有人存在健康问题，他们的财务状况就会面临更大的风险。

处于中间水平的经济独立，一旦失去工作或收入来源则可以撑几个月，甚至几年，他们可以动用储蓄和/或依靠一些投资收入生活，但最终他们仍需要重新找到工作或创造另一种收入来源，以维持他们的生活水平并保持财务安全。如果他们在某个时刻不重新工作，就可能会被迫清算资产或极大地降低生活水平以求生存。

如今，当人们讨论"经济独立"时，很可能就是在谈论最佳水平的经济独立。在这种经济独立水平上，一个人可以失去或辞去工作，或失去他的主要收入来源，而余生无忧，不仅不会降低生活水平，而且不会影响他对自己或家人所做的任何打算。

这是老钱家庭和个人所处的状况。虽然很多人手头有大量现金，但大多数人的生活依赖于多元化的被动收入，如出租物业的收入、股票和债券的股息、年金、知识产权版税等。被称为"被动收入"，是因为它不需要投入精力或劳作就能获得。

理解这些不同水平的经济独立很重要。它可以让你更清晰地了解你想要达到的目标以及实现它的途径。在此之前了解你目前所处的水平以及如何改善当前情况更为重要，尤其是在困难时期。让我们来解决这个问题。

在困难时期，生活仿佛被精确的数字所主导。你的主要关注点变成了增加月收入和减少月支出。理想的情况是，政府将为工薪家庭提供一些援助和救济，但在那之前，我们每个人都需要审视自己有多少钱进账，它都去了哪里，以及如何在月末实现更多的结余。

就是这么简单。我要说的是：如果在做选择和执行计划之前，人们能够摆脱"其他人可能会怎么想"和"我必须拥有的东西"的想法，那么处理财务压力会容易得多。第一种想法中，"其他人"现在可能只关心自己，根本无暇考虑别人；第二种想法中，人们真正"需要"的不是一杯双倍摩卡无咖啡因拿铁，而是食物、住所和衣物。除食物、住所和衣物以外的大多数物品都是奢侈品，而在财务危机期间，很多奢侈品都会被搁置起来。准确地说，我们现在就处于这样一个时刻。

首先让我们谈谈如何增加你的收入。如果你失业或需要现金，最简单的就是看看有什么东西是你可以迅速、方便地卖掉以换取现金的。这可以大到你的房子，也可以小到你的电视。根据你的情况，你可能很快就会举办一个出售活动或一个开放日。如果你有这方面的需要，那就去做，做出明智的决定。不要卖掉你要用来上下班的汽车，但可以考虑卖掉那些闲置在客房的运动器材。

第二种增加收入的方式是工作更长时间或找到第二份工作。这似乎是显而易见的，但很多人并没有想到。你工作时虽然产生了花费，但你不是在花钱，而是在赚钱。与此同时，你的开支可能会减少。

还要注意，家中的青少年也有义务工作，以为家庭收入做出贡献。这种努力属于团队合作，目标是让家庭摆脱暂时的困境，并恢复到某个财务水平。课余时间工作就是计划的一部分，清理房屋、餐饮服务、做保姆或司机都是不那么光鲜但可行的选择。

"零工经济"是真实存在的。像 Upwork（美国的一家自由职业平台）、Fiverr（以色列的一家自由职业在线平台）和 PeoplePerHour（英国的一家自由职业平台）这样的网站都为自由职业者提供了推广他们的服务和技能、与雇主互动并得到报酬的机会。研究一下这些网站和其他网站，看看你有哪些技能可以产生额外的收入。

也要记住，即使在最糟糕的经济时期，富人仍然在花钱。他们仍然需要商品和服务，大多数人愿意为它们支付合理的价格。如果你需要赚钱，或者需要更多钱，可以考虑联系你所在社区的企业主或企业家，表达你对为他们工作或与他们合作的兴趣。提前想明白你能做好的事情或者未来想要做的事情（比如辅导他们的孩子、管理他们的地产业务），然后制订一个计划，排练一个简短的脚本，并主动通过电话或电子邮件联系他们。要解释为什么你正在寻找工作，或者根据需要进行适当解释，不要试图打感情牌。如果他们回应并提供了这个机会，请尽力努力工作，并用劳动回报他们的慷慨；如果他们拒绝了，不要心怀不满，仍诚挚地感谢他们，然后继续前行。

在这种时候，也可以考虑创办在线业务或在家办公。记住要客观分析机会，基于实际数字做决定，而不是基于网络上一些"百万富翁"天上掉馅饼的承诺。很多人在网络上宣称自己是百万富翁，但要知道，一个能产生利润的业务需要有具体可行的计划和辛勤的工作，并建立在为付费客户提供有价值的商品和服务的基础上。再次强调，就是这么简单。

如果你有时间和金钱，就去寻找一个既经济又有效的能让你在就业市场或特定职业中获得更多价值的认证。

此外，还需削减开支。正如我提到的，如果你拥有一栋房屋，并且你当下急需用钱，可以考虑将你的房屋出售或出租，自己租一个更小、更便宜的地方。如果你不希望有这笔租房开支，也可以考虑询问家人或亲近的朋友是否可以和他们住一段时间，直到你重新站稳脚跟。

是的，这可能是一次谦卑的经历。但同时，当你发现人们可以多么善良和慷慨时，这也是一次丰富人生的经历。还是那句话，制订一个计划并采取主动，想清楚你打算如何使用因不支付房租而节省下来的钱。一个令人称道的做法是，给接纳你的人一些钱来支付水电费或应对其他不便之处。还要知道你需要多长时间才能重新站稳脚跟，要想明白当你重整旗鼓时，你要去哪里。

如果你认为自己有可能在几周或几个月内无家可归，请立即上网查找你所在地区所有免费的食品和住房资源。教堂、非营利组织和政府机构每天都在应对这些经济困境产生的影响，他们能够提供帮助。与你的债权人和房东沟通，让大家都了解情况。一些人可能愿意帮你渡过难关，推迟或免除你的某些义务。不妨大胆去问。

如果你只是需要让挣到的钱发挥更大的作用，那么现在是时候看看较小的开支了。可以从你的食品账单开始，在这方面做些调整，比如通过采用以植物为基础的饮食方式来省钱，并让自己变得更健康。

这意味着从你的购物清单中删除牛肉、鸡肉、猪肉、羊肉和鱼。如果你想要削减食品开支，你可以寻找你所在地区的印度市场，那里有很丰富的植物类食物。他们售卖大米和干豆，还有鹰嘴豆、红豆、黑豆、利马豆和黑眼豆，以及印度香米、糙米和茉莉香米，等等。

印度市场还出售各种酱料、香料和植物调味品，这些能为你的米饭和豆类食物提供丰富多样的口味。如果你再搭配使用新鲜蔬菜如卷心菜、西兰花、土豆、茄子、花椰菜、西葫芦、青豌豆、青豆，你会发现一种获取所需营养的新方式，而无须在加工食品上破费。

避免快餐是理所当然的。如果你试图制定预算并削减开支，那么短时间内不要计划在酒吧和餐馆购买酒或食物。

给孩子的生日礼物最好是现金或书籍。可以委婉地告诉家人和朋友，你的优先事项发生了变化，并请他们为你孩子未来上大学的费用增砖添瓦，而不是为玩具或服装制造商贡献利润。再次向我们的印度同胞取取经：他们从孩子很小的时候就开始赠送黄金制品，并将这一传统延续到孩子成年。因为玩具会被放在壁橱里或被扔掉，而黄金制品却可以升值。

如果你需要购买衣物，请确保你需要购买的衣物将有助于你赚钱，例如用于面试或工作。你购买的应是日常穿着的衣物，而不是专门为某个场合准备的。

制服，简而言之，包括海军蓝色运动夹克、牛津布短领衬衫、卡其色或灰色长裤，以及棕色鞋子和搭配用的条纹领带。这套装束在许多社交场合都很实用，并且适用于各种工作场所。

在这段时间内，为了财务安全起见，建议仅在绝对无法支付现金的紧急情况下，使用信用卡来支付汽油费用以及必要的饮食开销。对于其他所有非必需的花费，推荐采用现金支付的方式，或暂时搁置购买计划，以避免不必要的财务负担。信用卡利息宛如一头潜伏的凶猛野兽，这些高昂的利息在税务上并不能为你带来任何所得税的抵扣优惠。

与家人和朋友共度美好时光至关重要。我们都需要情感上的支持，尤其是现在，我们都需要记住什么才是真正重要的。我们鼓励那些拥有梦想的人，并对那些面临挑战的人表示同情，因为在这个充满挑战的世界中几乎没有人能独善其身，完全不需要他人的善意。我们中的许多人有能力帮助需要帮助的朋友或邻居，现在正是记住这些真理并付出相应行动的时候。

在这段时间里，我的祈祷与你们每一个人同在。我希望这里提出的一些建议能够提供帮助，或至少提供一些安慰和方向。

在这一章关于经济独立的内容中，我着重强调了如何最好地利用你的金钱。以下这篇博客文章提到了如何最好地利用另一种宝贵资源。欢迎阅读。

哨兵

2019年1月19日
摘自某"老钱"的博客

很久以前,有人问一位王子,他如何变得如此有智慧。朝臣们默不作声,王子思考了一会儿,然后分享了下面的故事:

"我小时候非常缺乏自律,容易分心,性格软弱。我的父亲看到了这一点,当我16岁时,他送我踏上了走遍全国的旅程。我要前往下一个王国并向那里的君主介绍自己。这将是我的第一个外交任务,我感到非常兴奋,也非常自负。

"我期盼着乘坐马车,携带一大群随从和一车厢衣物、毛皮、食物和酒。但当我走出宫殿庭院准备启程时,只有一个哨兵牵着两匹马站在那里。而我只带了一把剑、一套换洗的衣服以及简单的食物和住宿的钱。这一切皆是我父亲的命令。他作为国王,没有人敢违逆他的决定,因此,我也别无选择,带着抵御风雨的披风和帽子踏上旅途。

"因此,这个在我们的旅途中几乎一言不发的哨兵,成了我唯一的伴侣。开始的两天,一切都很顺利,天气宜人,住宿和食物都还可以。我住在一个普通的房间里,哨兵在我锁着的房门外小憩,以保证我的安全。到了第三天,我们刚启程不到一个小时就下雨了。我转身对哨兵说:'我们回村庄里等雨停吧。'

"'不行,'他说,'你不能回去。'

"他算什么,竟敢这样对我说话?我让马掉头,他拔出剑。

"'这是我的命令。'他很认真地说。我毫不怀疑他说的是实话。如果他撒谎的话,那么当我们回到宫殿,我告诉父亲他在执行国王的命令时说了谎,他将会被处死。

"于是我们继续在雨中前行。随着气温骤降,我才意识到围巾遗忘在了客栈,然而哨兵的严厉让我无法折返取回。我又冷又生气,但我们只能继续前行。有一天晚上,我在一家酒馆喝多了,第二天早上我觉得自己没事,但在骑行了两个小时后,我感到不适,然而前行的步伐不能因此停歇,我只能咬牙坚持。后来在乡下的一个村庄,我遇到了一个女孩,在短短的一天里,我坠入了爱河,并确信她也爱我,但我们又不得不各奔东西。一天,我们遇到了有精美地毯和黄金珠宝的商人,然而,我却什么都不能买,因为我在执行任务,不能携带那么多不必要的东西。

"随着一天天过去,每天清晨我醒来便意识到自己必须带好所有的物品;我必须注意自己的饮食;我必须待人友善,因为如果我言辞失当,我不能回去道歉或解释;如果我对某人有好感,我必须及时表达,因为我不能回去,以后也无法再表达我的感情;我必须摒弃一切不必要的负担,全神贯注于我的旅程,并准备与那位君主会面。

"最终,在路上度过了十天之后,我和我的哨兵进入了那位君主的城门。此时，我已经能够专心致志，不再轻易受到外界干扰；我意志坚定，不再软弱；我的欲望适度，端坐在马鞍上的我身姿挺拔；我信守承诺；我可以全身心投入当下；我知道回去的路可能不同，而我在旅途中遇到的人也可能永远不会再见。

"当我们在前门下马时，君主的士兵接过了我们马的缰绳。我和哨兵穿过一道道巨大的门，沿着一条长长的走廊走进去。我们缓步而行，通过最后一扇门，君主站起来迎接我们。

"'欢迎。'他说，'你的旅程如何？'

"'此行收获颇丰。'我说，'我学到了很多，并希望我能为您服务。我父亲让我带给您他最诚挚的祝愿。'

"君主热情地微笑着，同样表达了他的良好祝愿。'我可以带你去你的房间吗？今晚我们可以共进晚餐，促膝长谈。'

"'谢谢。'我说，'我的哨兵会……'

"当我转向我的哨兵时，我第一次注意到他不在那里。'我的哨兵……'

"'他已经走了。'君主回应了我的疑问。'你将永远不会再见到他。'

"'我不明白。'我说。突然间在一个陌生人的宫殿里让我感到害怕，我手无寸铁，毫无保护。

"'不要害怕，'君主说，'他的使命已经完成。他为你的父亲，为我，为许多智慧而开明的人提供了同样的服务。'

"'我仍然不明白。'我说。

"'那不是和你同路的人。那段时间里,我相信你学到了宝贵的一课。'

"于是我愣了一会儿,意识到我已经学到了人生的智慧。而且,如果我有智慧的话,那就是我如何获取了如今的智慧。"

婚姻和家庭
Family And Marriage

幸福的家庭犹如人间天堂。

—— 萧伯纳

♦

　　婚姻和家庭的成功是老钱的第六个核心价值，但这可能是最重要的一个，没有之一。离婚、家庭暴力、药物和酒精的滥用、意外怀孕，以及那些被宠坏或无法适应环境的子女——这些对老钱家庭或者任何时代的家庭而言，都是致命的。

　　虽然没有人能够预知他们结婚后会发生什么，但老钱会采取一些措施，以增加家庭幸福和成功的可能性。在考虑婚姻和家庭时，他们会注意很多事情。

婚姻

　　老钱不会过早结婚，并且只会结一次婚。与对方来电并产生化学反应很重要，但共同的价值观更重要。化学反应会来了又去，但共同的价值观（就像本书中记录的那些），即一对夫妻要走向何处以及什么样的行为是可以接受的——这些才能使人们长久在一起。老钱夫妻对他们的生活和未来有着非常明确的想法。不是因为他们的父母有钱，他们也有钱，而是因为他们和父母有共同的价值观，他们对共同的生活有明确的期望。随着生活的变化，很多事物会发生变化，但这些共同的价值观和对生活的期望仍然存在，并使夫妻保持在同一轨道上。

老钱从不急于结婚。你也不应该急于结婚。如果你真的相信你们的爱是永恒的，为什么不先交往一段时间呢？三年的订婚期是不错的选择。它给了你足够的时间来观察对方如何应对生活的起起伏伏，也给你时间与对方一同经历一些事情。有些变化可能会以意想不到的方式发生，漫长的订婚期则给予你们充足的时间去经历这些变化，给你评估它们并学会适应的时间，而且没必要向全世界宣布你们订婚，这样，在事情不按计划进行时，可以减轻结束这段关系时所要面临的社会压力。当你们订婚时，你可以简单地告诉朋友和家人："我们正在专一地和对方交往。"

要征求朋友和家人的意见。这不仅仅是电影中的情节：当单身的老钱和一个未来可能的伴侣进入一段认真的关系时，老钱的朋友和家庭会密切观察和评估这位伴侣，一旦他们产生怀疑或不满，老钱通常会迅速结束一切。一旦你开始和可能成为未来伴侣的人约会，你也应该把他们介绍给你的朋友和家人，如果你的朋友和家人不喜欢这位未来的伴侣，这可能是一个信号，表明其中可能有问题，可能与亲友本人或这位伴侣有关。你要勇于坦率地询问亲友（在私下）是否对你正在约会的人怀有任何疑虑，但不要对他们的回答做出回应，因为听到这些可能是令人痛苦的。你要做的就是倾听并消化他们给出的建议，然后考虑你的选择和继续交往的方式。常有人说，婚姻不仅是夫妻两个人的事，还关乎双方的家庭。记住这一点。

订婚

先生们，明智地选择戒指。如果你被钻石行业灌输了这样一种错觉，认为你应该在订婚或结婚戒指上花费你的三倍月薪，那你就得清醒一下。婚姻不是一场比赛，而是一段需要共同呵护的关系，选择戒指是你们开始共同生活时做出的第一个重要财务决策。不要因为购买一件珠宝而承担昂贵的价格。如果你的心上人选择了一枚昂贵的戒指，而她明知道你的经济实力难以承担，那你就要权衡一下了，虽然消费者永远不会满足，但在此刻，你们可能需要解决一些关于自尊的问题。

女士们，如果你非常想要一些又大又闪亮的东西来向你的朋友和整个世界炫耀，请清醒一下吧。婚姻是共同生活的开始，而不是童话故事，如果你的心上人觉得即使付不起也得给你买一枚昂贵的戒指，那你也要思考一下。财务责任感是一种习惯，而一段成功的婚姻需要双方共同努力。

所有人，对婚礼的花费要明智。在我写这部分内容的时候，美国人的平均婚礼花费为三万美元，这个数字主要来自中产阶级。而如今，消费者债务增加、失业、经济衰退处处可见。其实完全可以考虑把这些准备花在奢侈婚礼上的钱存起来，明智地用于提高新婚夫妇及其子女的福利，比如用来交学费以减少背负学生贷款的压力，或者用来进行保守投资，为年轻夫妇建立初始的家庭基金，以减轻可能失业的压力，或帮助他们在就业形势不好的情况下继续追求自己热爱的事业（新娘或新郎是美术家还是音乐家？）。甚至可以作为继续教育的储备资金，用来提高新娘或新郎的未来职业收入潜力（新娘或新郎能否受益于拥有 MBA 学位？）。如果新娘和新郎都受过教育，经济状况稳固，并对自己的职业感到满意，那也可以用来为尚未出生的子女设立信托基金，支付孩子未来的教育花费。

与未来的岳父岳母坦诚地谈论婚礼细节和财务优先事项。如果你或你家里的任何人坚持必须举办一场豪华的、引人注目的、童话般的婚礼，才能让某种梦想成真，使某人的生活完整，那就问一问为什么。这是为了让新娘和新郎变得更好，还是为了在社区中树立某种形象？你想要引起谁的注意？而这又将付出怎样的代价？新婚夫妇，你们想要一场豪华的婚礼吗，还是想要一辈子在一起？婚礼只持续一天，或者在一些地区可能持续三天。而一辈子在一起的定义是终身相伴，年轻夫妇可以多考虑如何开始你们的共同生活。

老钱在情感和财务上都做好了承诺的准备，你也应该这样。要知道，情感虽有强大的力量，但金钱也有着不容小觑的影响。与你的伴侣针对如何共同生活进行多次坦诚而明确的讨论，这样做保证不会对任何一对伴侣造成伤害。如果在现实面前，激情明显冷却，那就权衡一下。如果通过理性而全面的思考与规划，你们对未来的共同生活充满了更多的期待和激情，那么恭喜你，你很可能已经找到了那个能够携手共进的正确伴侣。

经典案例解析

杰克立志成为老钱。目前他刚刚大学毕业，二十岁出头，而且还有学生贷款要偿还。他找到了一份工作，虽然薪水没有他希望的那么高，但有晋升的机会，这正是他期望的。他仍然和父母住在一起，如果立即搬出去居住，那么每月租房子会花费一大笔钱，于是杰克与父母坐下来进行了一次推心置腹的谈话。

他告诉父母，他想在接下来的一两年里继续住在家里，原因有两个：他想偿还自己的学生贷款，同时也想省钱。他将所做的规划告诉了父母。他会给父母一定数额的钱，用以支付他在家里的食物和水电费用。他详细列明每月偿还学生贷款的金额，每月定期存入银行、没有其他用途的金额，还计划每个月有一个周末离开城市（或至少离开家），给父母一个休息放松的机会。

父母对他的深思熟虑感到赞赏，同意了他的计划。他们只要求他支付生活用品费用，并要求晚上10点后不要吵闹。他们也要求杰克遵守一些家规，虽然杰克已经是个成年人，但这毕竟是他们共同的家。他们会定期与杰克进行沟通，开诚布公地讨论如此安排的效果怎么样。

18个月后，杰克偿还了大部分学生贷款，还设法积攒了一笔可观的现金。他没有使用信用卡，并量入为出，关键是他不需要支付房租。

噢，对了，杰克在工作中得到了晋升。现在，他有了更多选择，他可以增加大学生贷款的还款金额，也可以搬进一套一居室的公寓，即使这样他也能攒钱并偿还债务，或者他可以决定在家里再住六个月，这样真的可以省很多钱。

在这段时间里，杰克遇到了吉尔。吉尔也和她的父母一起生活，并开始了她作为艺术家的职业生涯。她的收入不如杰克的稳定或可观，但她展现出的艺术潜力巨大，而且那也是她喜欢做的事情。她的叔叔是一位老钱，她从他那里学到了关于金钱和工作的知识。

杰克和吉尔同意先订婚三年。在这段时间里，杰克可以在财务方面继续自我提升，吉尔也可以继续追求她的艺术家事业，所以两人并不打算立即孕育子女。他们不会购买可笑的订婚戒指来引起任何人的注目（我没忘记我曾经说过类似的内容，而是怕你没记住），也将减少各自的债务，尽量存钱。他们将享受生活，并彼此相爱。

到他们结婚的时候，杰克可能已经再次得到晋升，他的学生贷款可能已经偿还完毕，他将拥有非常不错的现金储备。吉尔在日常工作之外，会通过出售艺术作品来获得收入。他们的婚礼将在吉尔叔叔宽敞的后院举行，简洁而又不失温馨。当他们度蜜月时，拥有的经济水平已然超越了许多同龄人，而他们还不到 30 岁。

许多读者可能会嘲笑这种设想不符合实际，但在意大利、印度和伊朗，很多家庭几代人都一直这样做，并取得了令人钦佩的成果。

实用提示

- 看看她的母亲——三十年后她也会是这个样子；

- 看看他如何对待他的兄弟姐妹——三年后他将会这样对待你；

- 如果你不考虑嫁给某人，就不要和对方约会；

- 不要依赖运气或承诺来避免怀孕或患病，请使用避孕产品；

- 如果你、你未来的配偶或你的家庭不富裕，那么婚礼要简单而经济实惠；

- 即使在婚礼的最后一刻你对婚姻产生疑虑，那也不要结婚；

- 如果你负担不起结婚的费用，那就不要结婚；

- 结婚是一种合作关系；

- 请在婚后继续和对方约会，要保持形象，继续送花、点蜡烛；

- 不要与他人讨论你配偶的缺点，这会让你显得愚蠢，因为你与他结了婚；

- 不要与除了你的伴侣或专业治疗师之外的任何人讨论你的性生活；

- 如果要出轨，你必须意识到，这不是在玩火，而是在玩炸药；

- 避免使用最后通牒；

- 多笑一笑。

可善加利用的人

最重要的人际关系是你和配偶的关系。

彼时与此刻

在写完这本书后,很多读者让我写一本关于约会、恋爱和婚姻关系的书,于是我写了一本,名为《老钱婚姻指南:正确把握,长久维系》(*The Old Money Guide To Marriage*:*Getting It Right, Making It Last*)。

这部分内容基于老钱多年来的实践、经过验证的传统、策略和哲学,其目标在于:

- 保持他们的生活品质;
- 维持他们的财富;
- 最重要的是,抚养健康、快乐和有成就的子女。

它还基于我的经验:我已经和一位女士结婚并幸福地生

活了 30 多年，因此我可能对什么有效、什么无效有一些了解。

我推荐任何正在约会、保持认真相处关系或准备结婚的人去买这本书，最好买两本，一本给你，另一本给你的伴侣，然后认真阅读。

如果你是一个十几岁孩子的父母，买一本放在家里，你的孩子迟早会出于好奇心翻开它，并有希望读懂我写的一些内容，或者你可以要求他在初次约会前阅读这本书。

以下是《老钱婚姻指南》中的一节，涉及我们单身时和进入一段关系后经历的人生阶段。我们对这段关系做出怎样的决策，以及我们应在何时做这些决策，阅读这段内容，可能会有所助益。这对我们和我们爱的人都是一件好事。

人生阶段

经过数世纪的演变与进化，人类及其社会结构已经发生了深刻的变化。在许多发达国家中，人生阶段是可预测的。了解这些人生阶段能够为我们提供一种全局视角，告诉我们为什么、如何以及何时结婚能够更好地顺应人生的整体规划。

首先，显而易见，你出生了。在婴儿期、幼儿期，你可能完全依赖于父母或家庭结构来满足你的生理需求和情感需求。之后你成为一名学生，上学读书，同时也开始了解你周围的世界以及它的运作方式。在这个阶段，你关注的事可能对你来说很重要，但它们相较于你人生的整体蓝图而言实际上微不足道。你的父母或年长的家庭成员承担了最重要的责任，包括确保你的安全、保证你有饭吃并得到照顾。

青年期，你开始自己做决定。你自己选择某个大学或职业，决定在哪里以及如何居住，想要赚多少钱以及想用它做什么，想要怎样的生活方式。你在某种程度上形成了自己的个人身份认同。你可能会寻求冒险，度过一个不同寻常的假期或在异国他乡工作，在舒适区之外做一些事情来测试你的极限。你可能制定了职业目标、人生梦想，并可能已经开始付诸实践。你开始脚踏实地，在社会上立足，对你的生活方向（在某种程度上）比较确定。

然后你遇到了一个特别的人，或者你突然意识到，你最好的朋友其实多年来一直是你的挚爱。你坠入了爱河，你们的关系慢慢地发展和成熟，并决定结婚。然后你们开始共同规划未来，包括选择理想的居所、设定共同的经济目标以及商讨这些财富将如何用于构建你们的幸福生活。

你们结婚了，然后可能孕育孩子。作为夫妻，你们将共同承担起抚养一个或多个孩子的重任，在养育孩子的过程中，你的家族可能会成为你们坚实的后盾，提供情感上的慰藉、地域上的便利或经济上的支持；然而，也有可能他们因为种种原因而无法提供这样的帮助。无论如何，你都肩负着作为丈夫、父亲或妻子、母亲的责任。

你的孩子逐渐长大，很快他们成年了。他们可能离开家，开始自己的事业并建立家庭。或者他们可能面临挑战，再次回到你身边，或者需要经济支持。

但是，最终，你们怀揣着一个共同的愿景，你和你的配偶可以回到最初的状态：一个只有你们两个人的地方，最好经济足够稳固以支持你们去追求梦想，无论这些梦想是否包括旅行、发展第二职业、投身慈善活动，以及与孙辈共度时光。

稍加修改，我们都能在这个概述中看到我们认识的许多人的生活。这是一个相当自然的发展过程，是基于社会因素、文化因素和经济因素，随着时间的推移、人类的发展和行为的演变而形成的。

就如同人的生长发育，是一个需要时间细细雕琢的过程。我们不应急于求成，因为即使能强行加速，其结果也可能并不尽如人意。在稚嫩的 4 岁年华，孩子需要的是无忧无虑的玩耍与玩具的陪伴，而非过早地被灌输现实生活是"残酷"的观念。然而，当岁月流转，你已 34 岁，那些曾经心爱的玩具已然被珍藏，取而代之的是对世界及其运作方式的深刻理解和全面认知。

值得注意的是，不同的文化和家庭拥有各自独特的引导方式。这些方式贯穿了一个人从童年到成年的整个阶段，涵盖了教育机构的选择、运动方式的培养、家庭传统的传承以及社交能力的锻炼等多方面。

我们参与其中，尽管有时可能并不情愿，但它们通常会让我们变得更好。我们被抛置到一个不了解的环境中。我们受到老师、导师、同龄人及其经验的教导。我们学习，接受考验，思想发生变化；我们毕业，然后继续前行。我们将所学的知识和技能直接融入职业实践中，或者我们纯粹享受这一过程带来的深刻影响，这些影响提升了我们的生活质量。这发生在学校、在职培训、自我提升行动以及社交俱乐部中。

这些经历是 18 岁的大学新生和 22 岁的大学毕业生之间的区别。一个仍然可以被当作孩子，另一个某种程度上可以被称为可靠的成年人。进入职场并经历了 10 年的学习积累，那个曾经是大学毕业生的人在他 32 岁时应该更加成熟。

当然，人是独立的个体。有些人在很小的时候就非常成熟，有些人则永远长不大。我们都见过这样的情况。但总体而言，哪个是更好的结婚候选人，那个18岁的大学新生，还是那个拥有大学学位并有着10年工作经验的32岁的人呢？

答案是显而易见的。为什么呢？因为有些事情只能依靠时间和经验。当生活中的事务被仓促处理，或某个关键的阶段被过早地结束，这些急迫而缺乏深思熟虑的行动往往会在日后悄然显露出其深远的后果。例如，如果一个年轻人直接从高中进入军队，完成兵役，然后光荣退伍，他可能不会立刻准备成为一名雇员、丈夫或父亲。他可能想要过单身汉、学生、牧场工人或者在欧洲背包旅行一两年的生活。这并不是什么性格缺陷，而是因为他还没有机会在一段时间内抛开紧迫的责任，过自己一个人的生活。就像人们常说的，他需要等尘埃落定，然后才能准备好迈向他生命的下一个阶段。

如果你处于学生时期，因为想要或不得不结婚而提前结束学业，这可能会严重影响你的生活。这也是显而易见的，但还应强调一下。由此可能产生的关于人和事的不满不胜枚举：你可能因为配偶为走入婚姻向你施压而对其产生不满，可能因为父母和朋友没有劝阻你而对他们不满，也可能因为孩子限制了你的发展而对他不满。因此，这并不是正确的生活方式。

你能否经历每个生命阶段，可能决定了你如何享受生活。

当你是孩子时，那就做个孩子。希望你不会遭遇一连串不幸的事件，给你的童年带来创伤，希望生活不会迫使你过早地承担成年人的责任。当你是学生时，那就做个学生，去学习、求知、探索、质疑、挑战、实现梦想。如果可能的话，在你准备好之前，不要匆忙步入成年阶段，不要急于结婚或组建家庭。

请理解、尊重和敬畏自然及其发展过程。生命中存在的各个阶段是自然发展的，有时是缓慢的，有时是快速的，它们对我们在生活、爱情和婚姻中取得成功都至关重要。我在这本关于婚姻的书中讨论了生命的各个阶段，这有几个原因：

- 在规划前往新目的地的航线之前，你必须知道自己所处的位置；
- 在承诺与另一个人度过一生之前，你必须表达和承认你走过的道路、你经历的旅程，并了解它如何影响和塑造了你；
- 为了给人生的宝藏腾出空间，你必须放下你生活中的垃圾。

这种认识带来的结果是，你可以与未来的配偶坐下来讨论这些话题：我经历了什么，我认为它如何影响了我，我是如何感到真正的幸福及如何感到有点儿（或很多）遗憾，以及我想确保我们的生活中哪些是一定要有的，哪些是一定不该有的。

在说完这个冗长的句子后,你可能会气喘吁吁,但这样的讨论是大多数夫妻没有做的事,这为你们的关系打下了坚实的基础。一些夫妻可能会在深夜,在这里或那里进行类似的随意对话,他们实现了不同程度的真正沟通和理解。

在像婚姻这样重要的问题上,我建议你将这些东西写下来,也请你的未来伴侣写下来,然后找一个特定的不会被打扰的地方坐下来,一起讨论你们写下的内容。更重要的是,聆听你的未来伴侣所说的话。如果他告诉你,他的童年因为父母的行为而对经济状况抱有深深的焦虑,这将是一个重要的情感问题,你必须优先考虑这个问题,不然你的婚姻就难以维系。

因此,你要列出一个清单,回顾你是如何成长、有过哪些经历以及你认为这些经历是如何塑造了你。更重要的是,你将聆听并记下那些对未来伴侣而言重要的事情。如果你不愿意聆听你未来伴侣的话,无法理解他在说什么以及他对所说事情的感受,那么,是时候做出选择了——要么改变你的行为,以表明你已经意识到对方的感受并在乎对方;要么承认你还没有准备好迎接婚姻生活。

同样,如果你不能倾听未来伴侣的重要问题,无论你现在有多么爱他,都不能达成一种彼此都满意的安排或以妥来迎合他的感受,那就证明你还没有准备好与眼前的这个人结婚。

在你的婚姻生活中,你要不断地做出选择并采取行动,以便将配偶的感受放在首位。反过来,你的配偶也应该为你做同样的事情。你不会与其他人发生性关系,你不会随心所欲地花钱;你不会滥用酒精、药物,不会虐待你的配偶或你的子女。你会为家庭成员的行为(无论是你的还是配偶的)让步。你会支持对方,而他也会支持你。不客气地说,就是达成协议。

这是一条漫长的道路,需要付出很多努力,但无论从哪个角度、哪个层面来看,它都是非常值得的。然而,你首先必须对自己进行一次全面的审视,了解自己经历了什么,目前处于什么状态。首先要对自己保持诚实,同时也要对你未来的伴侣保持诚实。

要做到这一点,你需要评估自己目前所处的人生阶段,是否已经完成了之前阶段的所有任务,这样你就不会觉得错过了什么。如果你感觉在童年、少年或青年时期已经做了所有事情,或者如果你真的对自己没有完成的事情感到无所谓,那么或许你已经为结婚做好了充分的准备。

你需要问自己并回答的问题包括:

我现在正经历生命的哪个阶段？

当我回顾过往，是否有某个生命阶段在我的感觉中匆匆而过，仿佛被时间压缩了一般？又是否有某个阶段在我的记忆中显得格外漫长，超过了健康的范围？

这些阶段的经历是我自己选择的直接结果，还是我的家人做出的选择？这些情况是否超出了所有人的控制范围？

审视目前的处境，我是否感到有任何怨恨，或看到有任何影响，而这些影响是由于我没有充分体验生命中的某个阶段而造成的？

我是否因为自己做的选择而责怪自己？我是否责怪我的家庭？

责怪他人对我过上更充实的生活有帮助吗？还是会让我止步不前？

我是否能够解决或重新审视我认为在以前生命阶段没有充分经历的问题？例如，如果由于家庭原因而中断了学业，现在是否能够重返校园？

我是否能够放下对生命某个阶段未完全经历而产生的任何怨恨？如果我不放下这些怨恨，我能为我生命中可能发生的事情承担责任吗？

我能够改变过去吗？

除了在当下做出选择并采取行动，我还能改变未来吗？

家庭是充满情感和矛盾的地方。它由不同成员组成，却是一个整体。它有自己的规则，但往往难以管理。其成员往往各行其是，却无法从中逃脱。它使美好的时光更加美好，也使糟糕的时光变得没那么糟糕。

它由那些我们爱得胜过生命的人组成，也由那些我们鄙视得如同死敌的人组成。神奇的是，它还由那些我们甚至不知道却一直默默支持我们的人组成，正如我们将在下面这篇博客中了解到的那样。

你是谁？

2016年7月21日
摘自某"老钱"的博客

前几天，我收到了一封陌生人的电子邮件。邮件中只有一句话：

"你是谁？"

非常迅速，我的思绪从弗里德里希·尼采飞到卡尔·荣格，然后转到印度教哲学，最后我冷静下来，意识到这个人是在询问我是谁，因为这与我在博客以及《老钱婚姻指南》中分享的内容有关。这是个不错的问题。

我是谁？让我告诉你：我是你父母提到过的你的那个叔叔。

也许你刚刚大学毕业。也许你正在参加一个表亲的婚礼。你在婚宴上，百无聊赖，试图避开各个年龄段的人，他们可能想与你共舞或向你介绍一个绝对适合你的人。

于是你紧紧抓住宴会厅吧台的扶手，就像抓住汹涌大海中的救生圈。你小口喝着烈性饮料，警惕地观察着人群，但尽量不与他们中的任何人有目光接触。

我站在你旁边，比你早到这片酒精饮料绿洲至少半个小时，也有同样的感觉。我不认识这些人，可能也不喜欢他们。我可能比他们好，也可能不比他们好，但我肯定与他们没有太多共同之处。与这对新婚夫妇的关系并没有密切到我不得不关心的程度，但也没有远到我不参加婚礼就不会在某一时刻听到这件事的程度，所以我们面临着共同的痛苦。

我衬衫和领带的颜色搭配让你眼花缭乱，但深蓝色的运动外套和低调的裤子又弥补了这一点。我的鞋子可能是你唯一认出真正昂贵的东西。我的头发稀疏而灰白，眼睛周围有黑眼圈。我并没有赶时髦。于是，我们打个招呼，寒暄一番。

你意识到你的父母提到过我，包含着"势利眼""有点儿古怪""经常言辞激烈""不善于与他人相处"等评价，你轻蔑地翻了个白眼。我承认，这都是事实。我对其他宾客发表了一两句挖苦的言论，我也给你讲了关于你父亲对一个需要帮助的家庭成员极为慷慨的故事，而你甚至不知道这些。你意识到我可能相当真诚、慷慨，或许有趣，至少不像别人说的那样糟糕。

我们讨论了你的学校和未来计划，我倾听着你讨论的种种，并就一些话题给你直截了当的建议，还表示愿意与你保持联系。新郎和新娘动身去度蜜月，庆幸的是，我们可以"离开这个鬼地方"（正如我们过去常说的那样），而不用担心社会或家庭的压力。

几周后，你在思考一些事情，但没有答案。你不想问你的父母，因为他们是你的父母，他们的回答可能像一首糟糕的流行歌曲那样，在你脑海中回响。

你给我发了封电子邮件，我的回答是直接而又现实的，但准确且有先见之明。因为我是过来人，我听过一切，见过很多，也做过一些。我有我的看法，但请随意提出异议，祝你好运。我并不经常出错。你可以看出我关心你，我希望你过得好，不管是爱情、金钱或其他方面。

我是谁？我是你的拜伦叔叔。这个博客和我的书是我写给你的信。

隐私
Privacy

我赚了很多钱，
也犯了很多错误，
但那都是在互联网出现之前。
谢天谢地。

—— 波士顿的一位不愿透露姓名的老钱

◆

最后，也许是老钱最重要的核心价值——隐私。有人说，如果生活得体，那么老钱的名字只会在报纸上出现三次：出生时、结婚时和去世时。

相比之下，当代美国文化崇尚名望，而且这种"病"似乎是具有传染性的。公众将名望与成就相提并论，甚至将获得名望视为一种成就。互联网让人们相信，其他人真的关心自己整天在做什么，认为自己的观点值得参考，并且只要有机会和能力分享信息就意味着自己应该分享。

老钱并不这样做，也不在乎这些。你也不应该这样做。

老钱生活低调，这是有原因的。保持低调减少了来自他人的怨恨，减少了朋友、亲戚和陌生人向他们寻求财务援助的请求，也减少了来自犯罪分子和那些希望嫁入豪门的潜在追求者的关注。这有助于与那些可能不够有钱的人保持健康的友谊。

老钱和普通人都是人。不显眼的消费和低调的行为有助于公众在审视老钱群体时保持更为客观和理性的关注。我们都是特定城市、国家和这个世界的公民，虽然我们可能拥有比其他人或多或少的资源，但我们在同一条街上行走，我们的行为会给整体生活质量做出贡献或带来损害，这些行为包括生活中大大小小的各种事情。老钱知道这一点，并谨记这一点。

老钱知道，有时候无论自己喜欢与否，别人都会期望他树立一个榜样，制定一个标准，以平和的态度处理好运和厄运。老钱知道最容易做到这一点的方法是专注于工作、家庭和朋友，而不是追求名声。

老钱可能会参与娱乐活动或从事职业体育，当他这样做时，通常是已经在自己的事业中取得了某些卓越的成就。这时，他们会保持风度和隐私，尽可能省略或模糊家庭背景，将关注点始终放在工作上。活动结束时，老钱会重返家庭生活。

老钱的说法是：要过得好，就要低调生活。

毋庸置疑，老钱生活得很好。他知道保持不让所有人知道一切的智慧和宁静。他知道当一个人做了很多，却很少或根本不谈论自己的成就，那样才真正令人印象深刻。

在感情方面，最好保守你的秘密。不要公开你的私事，因为这不可避免地会传到别人耳朵里。况且这些也不是值得骄傲的事情，私人短信和露骨照片还值得讨论吗？

在财务方面，最好也保守你的秘密。金钱问题应该在私下与家人或专业人士，如注册会计师或理财经理讨论。在社交场合讨论你的净值、收入、物质财富或职业地位是不得体的，更糟糕的是讨论别人的这些事情。这两种情况都充满了不安全感，并告诉世人你是个暴发户或是个冒牌"老钱"。

如果有人问了一个你不愿回答的问题，你可以选择回答或不回答。你可以说："这是一个有趣的问题。你为什么问呢？"当他们告诉你为什么想知道时，你会对他们的目的有一个更清晰的了解，并决定如何回应。如果你决定不回答的话，可以说："对不起，这不是我想讨论的话题。"这是一个最可靠的回答。或者："对不起，我不能回答那个问题。"然后终止谈话或者转移话题，或者礼貌地请辞离开。

一些聪明人可能会问："你说你是做什么的？"而他们心知肚明你并没有提。你可以坦率地回答："确实，我从未主动提及我的职业。"美国人有个坏习惯，初次见面时就问别人的职业。对此，一个好的回应是含糊其词，比如"我从事娱乐行业"，然后继续说，"但我真正的兴趣所在是埃及历史"。有可能对方会领会暗示，并询问你关于埃及历史的事情。你可以简要地聊两句图坦卡蒙，然后问问对方的爱好或兴趣。

保持隐私可以很简单：不要谈论它，不要书面记录它，不要在互联网上发布它。

实用提示

- 如果有人告诉你他们是老钱,那他们肯定不是。别犹豫,迅速远离他们。
- "哇,我知道他们有钱,但我真没想到他们这么有钱。"这是人们突然意识到他们的朋友是老钱时经常说的一句话。
- 如果你发现你的朋友是老钱,千万不要告诉你的其他朋友或任何人。这样做有破坏友谊的风险。
- 低调一些。
- 如果你每次都和某人说"告诉你个秘密",那这就不是秘密。
- 你在网上发布的个人信息和照片将永远存在。只有在涉及新的感情关系、大学申请和工作申请时,才需要考虑出示这些信息。
- 你无法掌控名望,但你可以掌控隐私。
- 不要为了得到任何人的认可,尤其是公众的认可而做任何事。
- 注意与他人能分享什么。
- 谨慎邀请他人进入你的住所。
- 当人们面对自己不熟悉或缺乏了解的事物时,他们通常会发现很难对其施加有效的干扰、进行无根据的破坏或发表有分量的意见。

- 神秘是新的潮流，交谈也是新的潮流。
- 在公开场合，一句不合时宜的评论或一个不恰当的举动，就可能毁掉几十年建立起来的声誉。
- 看电视虽然不可取，但它至少比被电视监视更可取。
- 不要因为别人拿着麦克风或摄像机问了你一个问题，就引发你想要回答的冲动，那其实并不意味着你一定要回答。
- 离开网络社交软件，走出去，和真正的朋友面对面交往、谈话。
- 不要说别人的闲话；当其他人开始说闲话时，请回避并离开。
- 如果可能的话，不要在驾照上填写真实的家庭住址，支票上也不要印上家庭住址。你可以使用邮寄地址或邮政信箱。
- 如果你从事高调或具有争议性的工作，考虑印制一些仅包含你的名字和电子邮件地址（也可能是手机号码）的名片。给那些在社交场合认识的人这种名片，而不是你的商业名片。

彼时与此刻

如今，上班族有自己的社交媒体至关重要。领英、推特和其他平台为人们提供交流的机会，推动商业发展，并帮助人们在竞争激烈的市场中树立信誉。社交媒体虽然可以帮助雄心勃勃、有才华的人轻松接触到潜在雇主、客户和同事，但它也让人们变得疯狂，使人们因过于依赖手机和网络，而无法保持思维连贯，更别提进行对话了。如果不能查看社交媒体上的"动态"，人们就会产生戒断症状。我们都认识这样的人，只是不想成为这样的人。

当然，与朋友保持松弛且不失礼貌的关系，并在职场上自信地"展现自己"是很好的。但长时间沉浸在数字世界中也存在危险，可能会影响你在现实世界中的生活：保持注意力的时间变短，焦虑水平升高，表达微妙和复杂想法的能力也受到影响。更别提在博客帖子、电子邮件、短信，甚至商务信函中标点符号和语法的运用了，它们几乎变得可有可无了。

久而久之，我们每天浪费太多"屏幕时间"的担忧都被抛到了九霄云外。我们更多地待在家里，除了工作、锻炼、读书、弹奏乐器或观看奈飞（Netflix）公司的纪录片外，几乎没有其他事可做。

事实上，我们应该减少刷手机、在笔记本上浏览网页、看电视的时间。

真实的生活就在那里，我们都需要参与其中，需要关注自己的心理健康。做社交媒体营销的知情人士称，在线使用的技术和算法是"武器级技术"。如果你花一点儿时间思考这个描述，你会发现这不是一个好词。实际上，这是一个非常可怕的概念，它们正在对我们产生影响，也可以说是负面影响。

社交媒体的推送、Facebook 上的广告和 YouTube 上的"新闻"，其说服力令人震惊。它们可以将人们引入一个无底洞，可以让人们完全不相信白纸黑字的事实，可以使人们否认或怀疑由许多声誉良好的新闻机构或有资质的科学家提供的证据。这些数字癣菌可以重塑人们的大脑，使人们拒绝接受那些被绝大多数理智的、以证据为基础的、富有逻辑的思考者所公认的真实世界。这是我们所有人都需要意识到的、明显而现实的危险：如果我们不能独立思考，我们就已经失去了隐私。

我个人在社交媒体的经验有限且不愉快。我刚了解 Facebook 时不喜欢它，但我被说服注册使用了一段时间。我在使用它的时候也不喜欢，总感觉网上的人想了解我太多，而且他们不告诉我为什么他们想了解我这么多，或者他们会用了解到的这些信息做什么；同时这也耗费了我太多的时间、精力。

当我决定删除我的 Facebook 账户"老钱"时，我的观众们和我告别，但最后我没有删除该账户（自 2018 年以来，它仍然可见，却被我忽视了）。

现在我们都了解 Facebook 在当下社会中扮演的角色，我的怀疑得到了证实：它像许多互联网公司一样，希望尽可能多地了解你的信息，以便将这些信息出售给第三方，然后，第三方将使用定向营销的方式向你推销各种产品，无论是运动衫，还是减肥产品。它们将通过呈现"搜索结果"的方式塑造你的偏好并限制你的选择。

它们将向你推广与你的爱好和品位相关的内容和广告，这可能是有帮助且令人愉快的。但它们通常还会用一些明知会激怒你的内容来引诱你，然后推广关于该特定主题的、越来越极端的内容，这对你既没有帮助也不健康。为了了解更多关于你的偏好、愿望和恐惧的信息，它们将监控和记录你对每个广告、文章、网站、博客帖子或视频的每一次点击，并追踪你的每一次搜索、保存、收藏、购买、评论和点赞，还会阅读你的个人电子邮件内容。亲爱的读者，如果你让它们这样做，它们将比你自己更了解你，并且它们将操纵你。

我并非危言耸听，我只是在重复许多对大型科技公司怀有不满的前员工所说的：它们对我们的了解越多越详细是非常危险的。最好保持与社交媒体的距离。如果确实出于商业或其他必要原因需要使用社交媒体，那么请务必谨慎操作，并且尽可能地与其保持一定的界限。

如果你不想公开某事，请不要在电子邮件中写下它，也不要在社交媒体上发布，更不要通过线上电话说出来，因为线上不存在安全或隐私这回事。

如果在线隐私对你很重要，我建议你采取以下措施：

- 使用在瑞士设有服务器的付费电子邮件服务，那里的隐私保护法律非常严格；

- 每次在线会话结束后清除浏览器的记录和缓存；（如果你不知道这是什么，请了解一下，然后定期清除它们。）

- 使用在线搜索时请选择"无痕模式"；

- 不要随便在网上上传自己的照片；

- 删除自己所有的在线照片；

- 请关闭你的社交账号，它们不是你的朋友；

- 在免费电话和短信通信方面，尽量使用保护隐私的通信软件；

- 当不使用笔记本电脑摄像头时，贴上一块黑色胶带；

- 在视频通话结束后，卸载应用程序，因为如果你不卸载，即使在通话结束后，它们仍然可以通过笔记本电脑的麦克风听到你的声音。

对于财务隐私，你需要考虑以下事项：

- 在美国之外开设银行账户，以便持有第二种货币现金或保护你的资产免受审查。（你需要在报税时向美国国税局申报这些账户。请咨询你的注册会计师。）
- 将一些资产放入信托中。（请咨询律师。）
- 尽可能使用现金，仅在必要时使用信用卡或借记卡。
- 慎重使用手机支付。在便携式且安全性较弱的支付设备上使用银行卡或信用卡信息，会增加你成为欺诈受害者的风险。
- 了解更多关于记录你的数据的运动软件的信息，并酌情参与。

...

LIFE STYLE

PART
II

生活方式

穿着　语法措辞　家居　阅读　住宅　社交　……

穿着
Attire

衣服有着多么奇妙的力量。

—— 艾萨克·巴什维斯·辛格

◆

　　没有什么比你的穿着更能让别人以最快的速度了解你了，虽然你可以嘲笑这种说法很肤浅，但并不能改变这个事实。衣服可以保护我们免受风吹日晒，防止我们因在公共场合有伤风化而被捕，实际上它们也是一种表达方式：你的职业、你的愿望、你的背景、你的自我形象，所有这些都通过你的衣着展现出来。他人在初次遇到你时，会对你的外表打量一番，然后有意识或无意识地赋予你某些个性特征和价值观，无论你是否具备这些特质。这对你有利还是不利，取决于你的穿着打扮。

　　衣服传达出我们的身份和个性，同时展示我们的经济地位和社会地位。它们揭示了我们属于哪个文化阶层，或者我们渴望属于哪个文化阶层。因此，要了解老钱，你必须了解他们的穿着方式。

　　对于老钱来说，所穿的衣服几乎无一例外都是在特定场合适合穿的、好看的（即经典、永不过时的风格）以及舒适的。衣服通常不是为了引人注目而穿的，谨慎至关重要。要像躲避瘟疫一样躲避时尚。天然面料中的经典款式的、高质量的衣物系列，占据了老钱衣橱的大部分空间，价值、舒适和质量是这里的关键词。

老钱的说法：一个人应该花 5 分钟来审视自己是否穿着得体。

老钱通常穿着低调，因为他们认为没有必要，也不想引起别人的注意，以便让别人知道他们有钱、有地位、身份优越。然而，这并不意味着他们穿得不好，实际上恰恰相反，他们穿得好，但并非时尚。有的人购买杂志上广告推荐的、超模或名人穿的"最新时尚"，为这些质量通常存疑的服装心甘情愿掏钱；也有的人被"打折"所诱惑，但通常这些商品的质量不好，而且第二年就会过时。这就是白白浪费自己的钱。

老钱通常购买高质量、传统风格、经典的衣物，并穿着数十年。有的老钱注重着装，会盛装打扮，有的根本不在乎穿着，但他们总是看起来整洁得体。衬衫、裙子和裤子都经过熨烫。他们会穿着制作精良且保养良好的鞋子，头发要梳理整齐，保持清洁。即使在最随意的场合，他们也会保持一定的标准。

当你穿着老钱风范的着装出现时，人们往往不再过多关注你的衣着本身，也不会刻意去猜测你财富的真实状况。相反，他们只会认为你有品位而且慎重。

男士的穿着指南

已经有很多专门为男士编写的指导如何穿搭的书籍。杂志和互联网上也有各种穿搭建议，有关面料、颜色、领口样式和翻领宽度的讨论应有尽有。有时候，这些内容写得很好，很有帮助；但有时，它们只是一种可以被一眼看穿的软广告和无知的闲聊。

对于正在或应该将资源和注意力用于其他方面的人来说，追随麦迪逊大道（指代美国广告业，麦迪逊大道是纽约曼哈顿的一条著名大街，美国许多广告公司的总部都设在这里）不断变化的时尚的建议不仅代价昂贵，也耗费时间。老钱的亲身示范是很好的建议，它非常适合男士，无论他是初入社会还是想焕然一新。

老钱注重品质和价值，讲究简约和舒适。这始于对鞋子的选择上，品质上乘的褐色或黑色鞋子无疑是他衣橱中不可或缺的基础单品。你也可以考虑风格传统且耐穿的鞋子。通常情况下，翻边翼尖鞋适合商务场合；懒汉鞋非常适合休闲穿着；帆布鞋是学校或周末的必备品，可以搭配牛仔裤或卡其裤；运动鞋应该只在运动或休闲活动时穿着。请使用雪松木鞋撑，因为它们有助于保持鞋子的形状，减小湿气造成的损坏，并延长鞋子的使用寿命。

当你准备像老钱一样购买衣物时,可以向销售员说明你的情况,告诉他你想购买不会过时的高品质商品,以打造或扩充你的衣橱。然后听他介绍,再看看他本人是穿着传统、经典风格的衣物,还是一个学院风打扮的人。接下来你要慎重考虑,因为可能要花出500或5000美元。不要害羞,向销售员询问是否有促销或折扣,因为你正在进行投资,而且好的销售员愿意提供协助和指导。购买时也不要着急,仔细考虑每件衣物的穿着场合和时间,因为现在你买的东西在将来可能每天或至少每周都要使用。购买西装、夹克或裤子时,尽可能购买可以全年穿着的款式。

男士衣橱中,传统裁剪的深蓝或深灰色西装应是基本款,黑色有点儿过于严肃,而棕色更适合做运动外套。西装适合面试、工作、宗教仪式、优雅的晚宴、婚礼(别人的和你自己的)和葬礼,款式应该与50年前流行的衣服款式几乎没有明显区别,应该有翻领,肩部既不要太窄也不要太宽,裤腿既不能过于修身也不要过于宽松,面料应是全年都适用的羊毛,内衬最好是深色的丝绸。西装可以让裁缝稍做修改以适合你的身形,如果需要进行大幅度的修改裁剪,那说明这套西装的尺寸或款式并不适合你。

如果你在打折店或百货商店找到了质量好的西装，那就要小心，因为它们的裁缝可能不够专业。有时，你需要在别处找一个裁缝，来调整你购买的现成的夹克和裤子。或许你会在老钱居住的社区里找到这个裁缝，虽然那可能只是一家小店，但你只需要花很少的钱，就能穿上大小得体的服装。现货西装的价格范围从几百美元到几千美元不等，当然也有定制西装。是的，老钱喜欢私人定制。

注意：老钱不会在正式社交场合穿着商务西装。参加正式社交场合活动时，要穿着有领结的晚礼服，大多数城市都可以租到非常好的燕尾服。你需要购买一件正式的衬衫，衬衫应该是白色的，有法式袖口，不带褶皱。如果你一年内穿燕尾服的次数不到四次，那么租一件就可以，租赁公司提供了很好的选择，而且经常打折；如果超过四次，则可以考虑买一件，零售商在假期结束后通常会打折。燕尾服的领口应该是围巾式或尖峰式，不管别人是怎么告诉你的，领口都不能有凹槽。只能用黑色鞋子来搭配燕尾服，因为燕尾服通常是黑色的。你还要学会系领结。

你可以选择白色或浅蓝色的与西装搭配的长袖纯棉衬衫，衬衫可以是尖领或略微不那么正式的纽扣领。Brooks Brothers、Ralph Lauren、L.L. Bean、Lands' End、Mercer and Sons、Hamilton

和 J. Press 都出售各种价位的高质量衬衫。随着年龄的增长和事业的成功,你可以从它们开始慢慢培养自己的品位并注意预算。巴黎 Charvet 制作的世界上最精致的衬衫,很受追求低调奢华的老钱们的欢迎。

丝质领带的颜色可以是海军蓝色(最正式的选择)、红色或深绿色,也可以是配有这些颜色的条纹领带,恳请你避开花哨的领带。腰带应与鞋子相匹配,可以是黑色或棕色,请选择简单的牛皮款式,不要选择大扣子或五花八门的材质。袜子的颜色可以是海军蓝色、黑色或棕色。

老钱的必备单品是海军蓝色的西装外套,世界各地都生产和销售高质量的海军蓝色西装外套。西装外套可以是单排扣或双排扣,通常由中等重量的羊毛制成,不容易起皱。下身可以搭配卡其裤、灰色或棕色的羊毛裤、牛仔裤,但不要搭配西裤。这身搭配适合参加花园派对、毕业典礼,或外出用餐以及许多商务场合,而且搭配领带时,几乎适用于任何场合,不戴领带时,看上去也依然得体。要注意,搭配这件西装外套的衬衫颜色要与搭配西装的蓝色和白色衬衫相同。

其他适合男士的外套包括冬季的褐色或灰色羊毛呢外套、秋季的褐色或海军蓝色灯芯绒外套,以及春夏季的小麦色外套或蓝色亚麻运动外衣。羊绒适合做毛衣和围巾这类配饰,不适合做外套，这是今后生活中的一种基本奢侈品。

老钱自己清洗和熨烫衬衫。如果你真的希望衬衫能够长期使用，请不要浆洗。老兄，你也可以自己清洗衬衫并把它们放在木制衣架上晾干。如果你希望衬衫的触感更柔软，也可以用烘干机烘干，但要做好面料磨损的心理准备。

毛衣可以选羊毛或棉质的，有开襟款、V 领款和圆领款可供参考。保险的话，从深蓝色开始，并为它们搭配同样的白色或蓝色棉质衬衫，这些衬衫也被用来搭配西装和西装外套。

你可以选择纯色的纯棉的拉链领套头毛衫，以便在休闲场合或周末穿。与 T 恤相比，这些毛衫是更好的选择，因为 T 恤只能算内衣，但毛衫使用范围更广、使用寿命更长。Ralph Lauren 和 Brooks Brothers 生产优质的套头毛衫。

在寒冷潮湿的气候中，London Fog 风衣（伦敦雾，美国服饰品牌）和 Barbour 上衣（英国奢侈品牌，是皇家御用的风衣品牌）是不错的选择。可以选择深蓝色、浅褐色或棕色。

关键词：白色、棕色、浅褐色、深蓝色；棉质、羊毛；经典设计；优质面料。不要自己尝试新奇的搭配，因为这样的尝试随时会被公之于众。

看出其中的逻辑了吗？老钱通过经典、经济、实惠且方便又舒适的穿着给别人留下可靠、聪明、有品位的印象，而且他不会去刻意迎合别人。

这一逻辑的例外情况是：Turnbull & Asser（英国顶级男装衬衫品牌）定制的都是颜色组合炫目的正装衬衫和领带，但好在它们通常是由年长的男士穿在深色保守的西装外套和西装里的。而马德拉斯布的西装外套或裤子通常是刺眼的彩色格子，从外太空也能看到，但好在通常只有年轻的男士在夏季穿着。

注意：老钱风格相对于学院风格，就如同油画之于卡通。

注意：男士的腹部只有他的配偶和医生能看到，除非他穿着泳衣，而泳衣只能在海滩或泳池穿。在旅行时，去往和离开酒店游泳池时不要穿着衬衫或浴袍。

男士的个人护理

老钱注重清洁，卫生至关重要，指甲要修剪整洁，身体有臭味是不可接受的。

刮胡子是一种仪式，通常在每个工作日和大多数周末都要进行。面部胡须很棘手，一定要了解自己的风格和喜好。

老钱的头发也会变白，老钱也会谢顶。

不要文身和打耳洞。如果你非要问为什么，那么你可能不该读这本书。

男士首饰

婚戒、班级纪念戒指（来自大学）；细金表配皮表带，也许还有不锈钢劳力士。男士考虑这些就够了。

可善加利用的人

与可以保养和修改鞋子的本地鞋匠保持联系，他们可以帮你修复鞋子，更换鞋跟和鞋底，而不仅仅是擦亮皮鞋。

与可以调整和修复服装的本地裁缝保持联系，他们可以帮你定制服装。

女士的穿着指南

女性对服饰的重视程度有史以来都比男性高。因此，我们在讨论女士服饰时，采用讨论男士服饰那种简单直接的方法可能是不够的。

值得注意的是，许多女士会去高档品牌店购买牛津布纽扣衬衫，羊毛或棉质毛衣，羊毛、卡其色裤子和裙子，以及蓝色西装外套，正好和她们的男伴相呼应，这也十分适合她们。她们直到终老都会穿着这种经典风格的服饰，而且充满自信，感到满足和从容。如果你对这种穿着方式感到满意，那就这样做吧。从长远来看，你会省更多钱。在这个要凭借最新潮流脱颖而出的世界中，具有独特风格的你反而可能被视为独特的存在。

虽然这些女士的衣柜里也需要其他风格，但她们仍然热衷于经典风格，用合理的价格购买优质棉、丝和羊毛等面料的精致衣物。她们购买的衣物可以穿数十载，而无须担心时尚，因为"设计师标签"对她们毫无吸引力，她们寻找的是质量好且价格合理的衣物。她们在购买前就知道，在何时何地会穿这件衣服以及穿多久。她们也会购买经典单品，并知道她们的大部分服装都可以与之搭配。

随着时间的推移，一些衣物会过时。你可以将这些衣物捐赠给自己喜爱的慈善机构，取得的捐赠收据还可用于减免一部分税款。

对于走出家门工作的女士，她的首选应是商务套装。这套西装应剪裁保守，由全年适用、不易起皱的羊毛制成，颜色最好选择深蓝色、深灰色或黑色，肩部不要过分垫高。裙子的长度最好刚刚在膝盖以下，或者比膝盖稍高一点儿；如果裙子需要有一个开口以使穿着更舒适，那么这个开口应该在后面，而不是在大腿侧面。

根据职业的不同和文化的差异，你还可以选择由上衣外套和长裤组成的套装，这种搭配更为休闲。如果有疑虑，建议你选择保守的款式。在之后的生活中，你可能有机会拥有一套经典的香奈儿套装，请一直穿着它，直到不能再穿为止。

商务套装应该搭配一件由棉或丝制成的白衬衫，可以是长袖或短袖的，长袖的更正式，且不显露胸部。搭配这类套装的连裤袜应选择素色，可以是深蓝色或黑色，不引人注目。请不要选择渔网袜。

请选择简单、经典、中高跟的深蓝色或黑色封闭式真皮高跟鞋，以及用来搭配这套商务套装的保守风格的裤袜。

另一种适合女性的商务之选是一条羊毛或亚麻裤、一件棉或丝质衬衫，以及一件羊毛或亚麻西装外套。同样，裤子最好选择深蓝色、黑色、棕色、深灰色、浅褐色或深绿色；若是夏季，也可以选择白色，但在其他季节里白色通常不太适合商务场合。衬衫应该是纯色的，以白色和浅蓝色为主导。羊毛或亚麻西装外套可以是浅褐色、棕色或深蓝色。

女士的日常首选服装是一体式的黑色连衣裙，通常是圆领和无袖的，腰带可有可无，这是一种经典的款式。这款连衣裙既不应太短也不应太紧，可以适用于许多场合，比如在喜庆的鸡尾酒会、庄重的葬礼、歌剧院以及室内或室外优雅的晚餐中穿着。可以再搭配一条色彩斑斓的披肩或黑色外衣、一串经典的珍珠项链。最后，搭配黑色中高跟鞋，可以使整体造型更完美。女士穿着这套衣服，会感到轻松自在且得体。她看起来美极了，你也可以的。

和男士一样，女士也应倾向于选择质量优良、永不过时的衣物。如果你刚步入社会或想要焕然一新，可以考虑以上述类型为出发点充实你的衣橱。若你的资金有限，那就更没必要将它们浪费在可能过时或容易磨损的次品上。你可以留意相关促销活动，并找到你所在地区折扣店的位置。

虽然有些商店有时会追随时尚潮流，卖一些紧跟时尚的物品，但它们也提供经典的高质量服装。你只需以合适的价格找到合适的款式。购买前请问问自己：这件物品是否 50 年前就已经流行，而如今仍然适用且看起来不错？其质量是否足以让我在 50 年后仍然能够穿着？如果你对这个"50/50"问题的答案都是肯定的,那么你就为你的衣橱找到了一件很好的藏品。

鞋子、手袋、腰带和围巾可以为基本款的服装注入生气,而且经得起时间考验。省下你的钱,认真寻找打折的高质量经典单品。你的鞋子、手袋和腰带应该选皮革的。你的围巾应该选丝质的,而不是合成材质的。在二手商店或富裕社区附近的慈善商店能够以实惠的价格买到这些物品,你可以经常光顾这些商店,但要记住你的预算。

对于生活在气候寒冷地区的人来说,一件经典款式的纯色全长羊毛大衣——再次考虑深蓝色、灰色或黑色——是必不可少的。经典风衣也是如此,考虑一下伦敦雾的标志性款式。

一双黑色或棕色的皮靴是不可或缺的时尚单品。在选择鞋履时,请务必考虑到冰雪覆盖的地面和重力的影响,因此,低跟的靴子将是你的理想之选。踝靴很棒,但盖住小腿的靴子能在你穿羊毛裙上班的时候保暖。在靴子的装饰上,可以选扣环等简单设计,因为靴子是为了让你的腿和脚保持温暖和干燥。

在周末和休闲场合,polo衫和牛津棉衬衫,与保守款式的牛仔裤、卡其裤以及棉质裙或亚麻裙搭配,对女士来说很合适。衬衫可以根据个人品位和所参加的活动选择合身或宽松的款式。冬天，高领毛衣和灯芯绒裤子成了随处可见的街头搭配，其中，黑色高领毛衣搭配黑色羊毛裤是一种简单且具有标志性的冬季造型，非常适合假日派对。

还有一些特殊风格的搭配：色彩鲜艳且图案丰富的上衣搭配纯色裤子，或者反过来。这种搭配在春夏季看起来好极了。

请只在运动时穿运动鞋和运动服。

女士的个人护理

发型的修剪和设计应该简约，这样在日常护理中你可以毫不费力地展现出最好的风貌。如果你染发，那么染的颜色应该与你的自然发色相近，这意味着你可以染成褐发、金发或红发（当然，作为中国人，你可以选择黑色或棕褐色。——译者注），但不要染成蓝色或紫色。

年龄越大，你的头发就应该越短。

定期给头发染色、保养和修剪；注意保持自己的发型。

你的妆容应该包括一点儿睫毛膏、一点儿眼影和一点儿唇膏，仅限于此。粉底和胭脂让你看起来很浮夸，而且可能堵塞毛孔。如果你想要红润的双颊，就请定期运动；如果你想要光洁、干净、健康的皮肤，请戒掉快餐、咖啡、软饮料和香烟。

你可以每晚使用冷压的有机蓖麻油涂抹面颊，它可以减少皱纹，并促使血液流向皮肤表面，从而形成自然健康的皮肤光泽。世界上任何化妆品都无法弥补有害生活方式和过度压力对身体的伤害，所以要想看起来健康，生活方式就要健康。

一定要保护好你的皮肤。选择天然保养品是一个明智的选择，而且它们并不一定昂贵；要实现从内而外的全面滋养：你可以考虑服用维生素、摄入精油作为膳食补充剂；用硬毛刷轻轻按摩身体，这不仅能去除死皮，还能促进血液循环，增强心血管功能。

要谨慎对待整形手术；要减少皮肤直接暴露在阳光下的时间，因为过度暴晒会加速皱纹的出现，并可能导致疾病。

女性首饰

少即是多，少即是多，少即是多。重要的事说三遍。

如果你已经结婚，一个简单的 18 克拉金或铂金结婚戒指就足矣。

如果你有足够的资金，考虑入手一块卡地亚坦克（Cartier Tank）手表，它将陪伴你一生。你也可以在二手店找到二手款式，价格也很实惠。款式越简单越好，标志性的款式往往配有白色表盘、黑色罗马数字和黑色表带。

如果每一件首饰背后都有故事，那将更有深意。你在佩戴时就赋予每件首饰一定意义，而且在别人询问时也可以让对方了解它的价值。卡地亚手表可能是你第一次去佛罗伦萨时在古董店购买的。手上的金戒指可能是从心爱的姑姑那里继承而来。把每件珠宝视为记忆的象征，而不是可支配收入的展示，这可能帮助你控制在零售店的消费性支出。记忆需要时间积累，以具有独特的价值，而首饰也是如此。

当你或你的配偶准备认真收集高质量的珠宝时，不要在报纸、杂志和电视推广的品牌商店购买新珠宝，否则你将为高昂的零售成本买单。如果你觉得可以忽略这些建议，那么也请去蒂芙尼购买一些简单且在你的预算范围内的铂金首饰。

如果你没有可继承的珠宝，你可以在你所居住的社区附近寻找销售古董的小店，最好选择口碑好的、由家族经营的经销商。你还可以关注拍卖信息，这是本书"家居"部分详细介绍的一个主题：购买二手珠宝比购买新品更加物有所值。

如果你考虑从私人交易处购买二手珠宝，请保持警惕并做好防范：各种高品质的赝品在各个地方都有售，而且卖家看起来都很有信誉。与卖家达成协议之前，请让你所在地区有声望的珠宝商验证其是否为正品。最好光顾通过推荐的经销商，并在考虑购买之前与该经销商建立联系。这种做法将帮你避免很多麻烦。有时候卖家自己可能也不知道他们出售的是假货，即便卖家是你的朋友，这使你的麻烦加倍。

当你开始考虑为你或你的配偶购买高品质的手表时，请与上佳之选为伴，请选择二手手表并选择可能保值或增值的品牌：劳力士、卡地亚、百达翡丽、爱彼、万国、萧邦和宝玑等。

遵循老钱的理念，请在大力投资珠宝或腕表之前，为你未来的家庭财务制订计划。正确购买并妥善保养，它们会为你带来愉快的使用体验，然后传给下一代。

注意：每只耳朵只可以穿一个耳洞来佩戴耳环。除此之外，无论你认为社会接受程度多高，不论身体的哪个部位，都不应穿刺或文身。

实用提示

- 如果牛津布纽扣领衬衫对你来说太过保守，试试选件白色的，并卷起袖子和领口。看看镜子里的自己，感觉不错，是吧？

- 除非你在海滩或游泳池穿着泳装，否则不应该露出你的肚子。

- 裤子不应该露出你的屁股缝或内裤痕迹，裙子不应该太短，我们都知道如何度量长度。

- 尽量穿文胸，即使你天生丽质，不穿文胸看起来也很不好。

- 白色牛仔裤只适合身材苗条的女性。

- 给镜子里的自己拍照，看看什么样的服装适合你，相机不会撒谎。直到你决定了怎么选，再把照片删除。

- 衣服不要太宽松，也不要太紧身。如果你减肥了，那再好不过，但要把衣服拿去改小；如果你变胖了，找出原因，并把衣服拿去修改，让衣服穿起来合身，然后开始锻炼。

- 问问自己："我想要吸引什么人的注意？"根据答案选择着装。

- 如果穿的鞋不方便走路，那就别穿这双鞋。

- 不要购买假冒的奢侈品。如果它是别人给的礼物，也不要接受。老钱可以辨别出正品，无论是手袋还是人。做正派人，购买正品。

- 找到你独有的风格，将其融入你的生活。

可善加利用的人

一个技艺精湛的当地裁缝能够为你量身设计出经典时尚的衣物，还能为你精心打造衣柜，这样的服务珍贵无比。如果能在你的家里做这些工作，那就更好了。这样你既可以省钱，还能穿自己喜欢的衣服。

找一位了解你头发并能为你提供建议的发型师，他会告诉你什么发型和发色最能凸显你的魅力。

找一位时装设计师，他设计的女装要适合你的身材，符合你的个人风格，这很重要。你可能不会只购买他设计的产品，但在购物时你的脑海会始终浮现这个品牌。这将使你的衣橱看起来风格更加统一，更方便混搭，也让你每天都向公众呈现一个始终如一的时尚形象。

彼时与此刻

幸运的是，老钱的着装并没有发生太大变化。不论你是女士还是男士，最主要的仍然是根据场合得体着装。

自《老钱》问世以来，我写了《老钱，新女性：怎样管理金钱和生活》（*Old Money, New Woman: How To Manage Your Money and Your Life*）以及《老钱：绅士版》（*Old Money Style: The Gentleman's Edition*）。这两本书详细阐述了长期保持良好穿着风格的理念和基本原则。我所提到的"长期"，指的是采用并享受一种传统、耐用、可多场合穿着的服装理念。

不要误解，在巴黎度过的三年并没有让我对优雅和奢华的诱惑力无动于衷。我祝愿你能够出色应对新的经济形势，并享受你的劳动果实，不过先要取得一定程度的经济独立，然后再奖励自己。

当你还清学生贷款时，进城尽情享受一顿美味的晚餐吧；当你找到新工作时，开一瓶香槟与朋友举杯同庆吧；当你已经存够六个月的生活费时，小小放纵一下自己，将一直渴望的手袋或运动外衣收入囊中吧，但要确保它具有高品质的制作和经典的设计，品质配得上它的价格，一种被法国人称作"一生之作"的品质。所以，请努力工作，明智消费，享受生活。

女士们，请学会如何管理你的衣橱，避免随机购买单品鞋子和配饰。男士们，在这个具有挑战性的时期，我再次建议你坚持"制服"的基本原则，并以微妙但重要的方式升级你的衣橱：放弃T恤，选择套头毛衣；丢掉帽衫，穿上毛衣；放弃破旧的牛仔裤，换上棉质裤子。

所有人请注意，让你的衣服为你服务，每天都展现最好的一面。你值得如此。

记住：如果你购买最好的，你只需一次高额投入。

关于这个主题的最后一点：我真的希望你能远离"快时尚"的陷阱，即那种不断推陈出新，每周都有大量新款廉价服装涌入市场的情况。大型零售商和品牌商推出标价 10 美元的上衣和与之配套的 20 美元的裤子，看似非常舒适、非常时尚、非常实惠。这种宣传很诱人，让你几乎每周都购买新衣服，这正是这些商家所希望的。

这种商业模式的问题在于：售价低的服装，生产它的工人只能拿到极少的报酬，他们的工作状态简直像奴隶；生产这种廉价服装需要使用大量的自然资源和人造化学品，这将对我们的地球产生不小的负面影响。

如果你不购买这些廉价服装，这种商业模式就会失败。制衣工人可能会有更多机会得到公平的报酬，并在安全的条件下工作。当用于制造这些一次性产品的水、棉花和石油减少时，我们就有机会保护我们的地球。而且你看起来会更好，因为你将穿着质量更高的衣服，哪怕你为此多花点儿钱。

尽量支持可持续时尚，坚决远离快时尚。请寻找替代皮革的材料，因为皮革鞣制通常是一个使用有毒物质的过程，涉及包括铬、醛、氰化物、锌和铅在内的250多种化学品。这些毒素对鞣制工人们是有害的，生产过程中产生的废弃物对环境也没有好处。

作为设计师和消费者，我们确实有选择的余地，这要归功于像卡门·伊霍萨博士（Dr. Carmen Hijosa）这样具有远见卓识的企业家的努力。伊霍萨博士曾经是一名皮具顾问，她意识到人们对一种天然、可持续的皮革替代品的需求，于是Pinatex诞生了。

Pinatex是一种由菠萝纤维制成的材料，是每年菠萝收获时的副产品。与生产传统的皮革鞣制相比，生产Pinatex使用的水要少得多，制成后产生的废物也少得多。它不是动物产品，不含毒素，而且外观漂亮，手感极佳。

伊霍萨博士研究和发展了这种理念，并在伦敦皇家艺术学院的博士展览上进行了展示。不久，她创立了Ananas Anam公司，在全球制造和分销Pinatex。

我知道，大家都喜欢漂亮的皮鞋和柔软的皮手袋。然而，我们必须寻找新方法来保持时尚，减少碳排放。为了实现这些目标，我们必须寻找并支持像伊霍萨博士这样的企业家。

我在《老钱，新女性：怎样管理金钱和生活》中为女士们详细介绍了一些基本的服装搭配方法，也在《老钱：绅士版》的摘录中讨论了男士服装搭配背后的哲学和目的。

穿戴得体

我们已经讨论了准备工作,也讨论了如何搭配,最后要介绍的是你的外表:服饰和仪容。在准备呈现完美形象前,这三个方面的结合至关重要。因此,这个组合中服饰和仪容同样重要,哪怕它们只是最外在的部分。

当你和人见面时,服饰和仪容是最先被注意到的部分。心理学家告诉我们,在初次见面的头几秒钟里,人们会对彼此做出十几次的视觉观察和判断。这意味着,在你开口说话之前,他们已经根据你的外表对你进行了十多次视觉上的观察和解读。他们会看你穿得如何、你的穿戴是否有品位,以及你的穿着是否适合这次会面。他们还会关注你发型和妆容的好坏、衣服的整洁度和质量,以及你的姿势和举止。

之后这些观察会被大脑解读,赋予特定的意义和价值,然后,不管你喜欢与否,对方都会基于这些现象产生一个初步的结论。这可能是不公平的,但它肯定是真实的,人们会通过封面判断一本书,也会以貌取人。你在外表上付出的努力会被人们大致等同于:

- 你对自己的尊重程度;

- 你对他们的尊重程度以及这次见面对你来说有何等价值；
- 这次会面在你眼中是否重要。

重要的是要客观评估自己的外貌，不仅要看到镜子里的自己，还要了解在公共场合自己在别人眼中的形象，通过这样的双重视角，我们能更加了解自己，从而在不同场合都能展现最佳的风貌。无论在什么场合，找到展现自己的最佳方式始于找到自己的定位。

如果你了解自己，知道哪种形象适合你，那就不用考虑短暂的潮流或时尚，你将更快、更轻松、更经济地确定并且塑造出专属于你的形象。看看你过去的照片，你一年前、五年前、十年前的形象如何，然后找到适合你的形象并加以完善。

这个过程包含一些不可或缺的基本要素，包括优质的、保养良好的衣服和鞋子；发型，不要选择过于狂野的风格和过度染发；还有美甲，既不能忽视也不能过分修饰。

《老钱，新女性：怎样管理金钱和生活》一书中，将"穿着得体"视为关键的基本原则。你穿什么通常只需取决于你将要出席的场合或参加的活动。

在我们详细讨论之前，还有最后一点要强调：把你的衣橱看作一个"整体"（Ensemble）是很重要的。顺便说一下，

Ensemble 是法语，意思是"在一起"。所以如果想让你的服装配饰放在一起呈现一个"整体"效果，那就把它们看作是整体中的一员。老钱知道这个整体是从头到脚协调一致，即所有这些元素放在一起将共同展示一个整体形象，以使这一形象看起来既美观，又适合当下的场合。

不同场合的正确穿搭

在这些思路的基础上，让我们思考一些熟悉的情景或场合，以及适合这些场合的穿着搭配。

工作面试，目标是获得工作并在职业生涯中取得进展。如果你在一家大公司的面试中穿着牛仔裤和过于紧身的毛衣，你拥有什么样的资历可能已经不重要了，因为人力资源主管会觉得你对这次面试不够重视，或者觉得你一点儿都不懂职场。无论哪种情况，他们都不会花时间认真考虑你，实际上，他们根本就不会考虑你。

请记住，尽管一些公司在"休闲星期五"放宽了企业着装规定，但对面试的着装规范仍然是要求足够正式，职场标准仍然适用。同样，适合公司面试的着装可能与该公司办公室员工的日常穿着有所不同。员工在上班时穿着"商务休闲"风格的服装，并不意味着你面试时也可以穿着"商务休闲"这类服装。

深蓝色、黑色或深灰色的商务套装搭配裙子适用于这种情境。一些女性可能会穿裤装，但在放弃裙子改穿裤子之前，了解你所在的行业和即将面试的公司文化，搭配一件白衬衫，并穿上一双黑色或深蓝色的闭合式高跟鞋，这会使你的整体造型更加完美。

参加休闲社交活动的目标是与老朋友见面并结交新朋友，以拓展人脉并与朋友同乐。在邻居的下午泳池派对上，如果你顶着打理过的头发、涂着浓密的睫毛膏、穿着短款黑裙和细高跟鞋出现，一开始你确实会引起一些男性的关注，但可能并不是你期望看到的那种。你的着装并不适合这个场合，其他客人可能会认为你有点儿怪异，或者认为你从事了新的职业，至少在做兼职。所以，与所有服装和妆容的选择一样，提前了解具体是什么场合、主人是谁、客人是哪些群体非常重要。

休闲午餐适合穿着棉质或亚麻质衬衫、男士燕尾服衬衫、棉质/亚麻质裤子或卡其裤，以及休闲鞋。如果餐厅空调的冷气开得很足，那就带上一件毛衣或披肩。休闲鞋不是运动鞋，平底鞋或雅致简约的高跟鞋比凉鞋更好，而且远胜于不讨喜的人字拖或笨重的勃肯鞋，同时请不要选择雪地靴。如果牛仔裤没有破损而且不露得过多，也是可以接受的，搭配高跟鞋看起来更有气质。只有在湖边、海滩或度假胜地的泳池边才可以在衬衫和裤子之间露出腹部。

在参加露天的私家后院烧烤聚会时，你可以穿一件简单的棉质或亚麻质夏季上衣，搭配棉质/亚麻质裤子（长款或短款）或牛仔裤以及休闲凉鞋或平底鞋，另外再加一件毛衣，太阳落山后天气转凉时可能会用上。同样，不要穿运动鞋、人字拖或勃肯鞋。

重要的介绍场合略微正式一些。举个例子，是在白天的场合，比如第一次见男朋友的父母时，你穿着一件干净、端庄、风格传统的连衣裙，或者是衬衫搭配裙子，再加上毛衣和高跟鞋，这将是一个不错的开始。这套服装还适用于很多场合，无论是家庭、餐厅还是聚会。你的穿着打扮考虑到了你的男朋友，但他紧张极了，简直像一只长尾猫走在满是摇椅的房间里；你表示了对他父母的尊重，因为他们未来有可能成为你的家人。而且你打扮得体，也表现了对自己的尊重，说明你对自己充满自信。未来的公公婆婆对你印象很好，你的男朋友对你心存感激，赞赏不已。总之，简单的规则是：对自己说"如果情况反过来，我希望别人在我面前穿什么或表现得怎样？"。

晚上的场合可能是在餐厅用餐、在镇上喝鸡尾酒，或者在私宅参加优雅的晚宴。这就需要一条简约的黑色连衣裙，但简约并不意味着单调或乏味。这条裙子应该凸显你的身材，如果做工精良、剪裁合身，它也可以陪伴你多年，并且永远不会过时。但请注意不要暴露太多。配饰可以是一条舒适的披肩、色彩鲜艳的围巾、经典的手包、祖母的珍珠项链或一件别致的首饰。

为什么穿着得体很重要？因为它直接关乎你希望外界如何解读你的形象。得体的着装能够对你的形象产生积极的推动作用，而非消极影响或分散他人的注意力。有品位的穿着也是内在状态的一种反映，它传达了你对自己的看法。你希望给予对方正确看待你的机会，让对方从中立的，最好是积极的出发点来认识你是谁（社交场合）或你能做出什么贡献（工作场合）。

你的外表应该在视觉上传达出你尊重自己，并且在别人对你做出任何其他判断之前，首先要求他们尊重你的想法，所以第一印象尤其重要。你必须养成穿着得体的习惯，但也要知道穿着得体不一定是打扮得很正式。

注意：如果你是音乐家、艺术家、作家，或者在时尚行业工作，那么我在这里完全是在浪费口舌。你会表达自己（艺术家），或者几乎不在意穿着（作家或音乐家），或者你的穿着惊艳了众人（时尚界人士）。当你涉足这些行业并需要塑造公共形象时，你会为了展现形象并推广个人品牌而着装，如同在舞台上表演。不过记住，你也需要过真实的生活，也要为真实的生活搭配着装。

最重要的是：如果你想向你在乎的人表示尊重或是出席一个重要场合，你需要先了解那是什么情景或场合，并穿着得当。

穿得邋遢，人们会记得那身衣服；
穿得无可挑剔，人们会记得那个女人。

—— 可可·香奈儿 ——

塑造风格与造型的实用指导

如果你觉得自己需要在塑造风格或造型方面得到指导，我建议你先进行研究，然后花时间思考，最后再慢慢购买。要避免参考广告、时尚博客和时尚杂志，也不要关注"最佳着装"榜单，因为这些榜单通常倾向于展示名人的某个形象，他们有造型师为其打扮，有公关人员为其宣传。正如已经讨论过的，他们很少自己购买衣服或拥有真正的个人风格。

相反，你可以在网上搜索杰奎琳·肯尼迪·奥纳西斯、米歇尔·奥巴马、克里斯汀·阿曼普、阿尔·克鲁尼、凯瑟琳·赫本、奥黛丽·赫本、索菲娅·罗兰和戴安娜王妃的照片，这些女性通常被称为"风格偶像"，因为她们的着装大多数时候都是经典、优雅的，超越了她们生活的时代。不论身处何种场合，她们每个人都以独特的风格展现自我。当你看她们的照片时，你能快速地识别出她们哪些装束永不过时。你要专注于那些永不过时的装束，并将那种风格融入你的衣橱。由于女性的身材和体形各异，建议寻找与你体形相近的风格偶像，并分析她们是如何将自己的造型发挥到极致的。

对于老钱来说，时尚首先意味着简约，其次是优雅。少即是多，衣服要服务于你，而不是你为衣服服务。现在，功能性和舒适性应是你首要考虑的，衣服必须合身、舒适、耐穿，它们应该可以穿着多年，而不只是在流行季穿着；它们必须适合你的日常生活，不应该轻易过时。

奥斯卡·王尔德曾说，时尚界陷入一种近乎疯狂的快速更迭之中，几乎每半年就会掀起一股新的潮流。听听王尔德先生的话，要像躲避瘟疫一样拒绝盲目地追随时尚。你可以做些功课，塑造属于你自己的风格，要保持简约，保持传统，保持优雅。当不确定时，请选择保守风格。记住：少即是多，少即是多，少即是多。

注意：老钱将他们的衣服视为投资。鉴于这一点，你可以考虑每月从你的净收入中留出 5% 用来投资你的衣橱，经典单品会随着时间的推移而增值。这不是冲动购物，这是经过深思熟虑的、对能够持续十几年不过时的经典单品的战略性投资。你可以慢慢打造自己的经典衣橱，留意季末促销，不要觉得每个月都要买些衣服很浪费。要将你的"衣橱资金"与你的常规储蓄和投资基金分开，要有耐心但明智地投资，这样你会焕发出迷人的光彩。

一个典范：可可·香奈儿

可可·香奈儿（本名加布里埃·香奈儿）是香奈儿时尚品牌的创始人和命名者。她也被公认为女性时尚界的首位影响者，以及拍摄自拍照的第一人。

她的生活在公众眼中看起来光鲜亮丽，但她的起步并非如此。在母亲去世后，年幼的加布里埃被送往孤儿院，那里的孩子生活艰苦，住宿条件简陋。然而，正是在这种环境下，她学会了缝纫。这项技能改变了她的生活，也在日后改变了整个时尚界。

可可·香奈儿很早就获得了成功。她曾用一件尺码过大的针织运动衫制作了一条连衣裙，当好几个人问及她的连衣裙时，她就像一个精明的商人，抓住了这个机会，提出为她们制作连衣裙。她的剪裁风格时尚，颜色选择大胆，竟选用了只会让人联想到哀悼的黑色。但香奈儿小姐有着自己的远见卓识，"小黑裙"由此应运而生。

她宣称"奢侈品必须舒适，否则就不是奢侈品"，她解放了女性，让她们摆脱了"紧身胸衣的束缚"，并在第一次世界大战后立即引入了一种运动、休闲、别致的女性时尚标准。这种干净、经典、舒适的穿着风格持续了将近一个世纪，使她闻名世界。尽管如此，她并不满足。

20世纪20年代，可可·香奈儿推出了她的第一款香水，香奈儿5号，这是首款以设计师名字命名的香水。她曾经解释说，香水"是看不见的、难忘的终极时尚配饰……它在你到来前便先声夺人，在你离开后仍绵延不绝"。

作为一位多产的时尚创造者，香奈儿小姐将她的影响力扩展到了高级定制服装之外，将她的设计美学应用到了珠宝和配饰上,其中许多饰品都印有著名的交叉 CC 标志。

1930 年的大萧条和第二次世界大战的爆发迫使她结束了蒸蒸日上的生意。有关她在此期间与一名纳粹军官谈恋爱的传闻严重损害了她的声誉。虽然她从未被正式指控通敌,但这些传闻仍在法国公民中引起了反响。她在公众舆论的法庭上被定罪,并自我流放到瑞士。但她的故事尚未结束。

73 岁时,她以一系列经典设计,成功回归时尚界,即使最初受到评论家的质疑,她仍赢得了公众的赞誉。她坚持不懈地工作,直到在巴黎去世,享年 87 岁。

如果你热爱时尚,想在这个领域发展事业,或者想"重新开始",那就去了解更多关于可可·香奈儿的故事吧。

经典之选

我所说的老钱,他们的穿衣风格通常被称为"学院风",有时也被称为"常春藤风格","常春藤"指的是美国东北地区的常春藤联盟学校,几乎一个世纪前这种着装方式就已在那里产生了。不管你怎么称呼它,这都是老钱们几十年来一直穿着的风格。

这种传统的、舒适的、低调的、优雅的着装方式经受住了时尚风云的考验。这其实也是一个基准，当你对衣橱的风格感到迷茫时，不妨将其视为你的穿着"北极星"。这类着装专门使用天然面料，偏向纯色，将为你的一生提供极好的服务。

如果你采用这种风格，人们可能不会注意到你某一天穿了什么，但随着时间的推移，无论是在办公室、社区附近还是在社交场合，他们都会认为你总是"穿着得体"。

我在这里再次强调：你的着装是一种非言语沟通方式。当你选择打扮成老钱时，你的风格就向他人传达了一些重要的关于你的想法：你对自己的未来充满信心，有足够的安全感，不必刻意通过衣着来吸引他人的注意；你思想独立，对自己的价值观不加掩饰。你也传达了这样一个理念，即你的内在品质远比肉眼所见更深刻，为了了解这些内在品质，人们必须对你产生兴趣并努力去了解你。你不是为了任何人的娱乐、消遣或认可而这样展示自己。

此外，你用这种穿着将自己塑造成一个不受短暂潮流影响的人，一个不需要最新时尚来支撑自尊的人。你展现出你是一个拥有自尊和传统价值观的人，而不是一个只会吸引眼球的花瓶。所有这些都会对你有利，你给人留下的第一印象是你通过外表传达的你期望得到的待遇：公平和尊重。

顺带提一句，你看 10 年、20 年或 30 年前的家庭照片，从中捕捉到的时尚如今看来可能是怪异和滑稽的。那是因为它们是时尚，而不是风格。你知道谁看起来不傻吗？老钱们。因为他们几十年来一直穿同一种风格的衣服，一代又一代，从摇篮到坟墓。

老钱的购买清单

一个女人如何向世界展示自己，在很大程度上决定了她如何被世界对待，以及她会从世界获得什么。这里的展示包括准备工作、举止和礼仪，以及服装和仪容。

如果你是大学生，或者刚刚开始你的职业生涯，你会希望你的风格保持简单、经济实惠，同时又经典。以下是一个基础清单，列出了你可以购买的基本款式，以便在未来几十年里以时尚的形象呈现自己：

- 白色或天蓝色的长袖衬衫，100% 棉质或 100% 亚麻；
- 纯色短袖套头衫，100% 棉质；
- 纯色套头或开襟毛衣，100% 羊毛或 100% 棉质；

- 纯色长裤和短裤，100% 亚麻或 100% 棉质；
- 灰色、黑色或海军蓝色裤子，100% 亚麻或羊毛/羊绒混纺；
- 灰色、黑色或海军蓝色裙子，100% 亚麻或 100% 羊毛；
- 经典黑色连衣裙，中长款；
- 封闭式鞋头的黑色高跟鞋，适合办公室或正式场合；
- 海军蓝色或棕褐色的粗跟鞋，行走舒适；
- 帆布鞋、凉鞋或便鞋，适合休闲场合；
- 羊毛袜和棉质袜子及丝袜，中性色、蓝色或黑色；
- 蓝色或黑色西装外套；
- 蓝色、黑色或灰色高品质商务套装；
- 海军蓝色、灰色或骆驼棕色全长冬季大衣，100% 羊毛；
- 伦敦雾风格的风衣，适合雨天穿着。

Ralph Lauren Polo、Brooks Brothers、L.L. Bean 和 Lands'End 提供这些单品，品质和风格多样，价格也高低不一。记住老钱排列的顺序：规划、挣钱、节约、投资、消费。所以，提前精心规划，像男人一样挣钱，始终节约，有策略地投资，明智地消费。

当你策划创建或重塑你的衣橱时,记住:你是在自己身上投资。投资质量好、风格传统的产品,因为它们能经受时间的考验。记住这些有用的提示。

- 慢慢来,逐渐形成自己的风格;
- 遵循每月净收入的"5% 留存"规则;
- 避免露出衣物的商标;
- 优先购买你每天会穿的衣物;
- 在质量和价格方面,大多数情况下你得到的将是你付出的;
- 寻找那些经典的、无论在风格还是耐用性方面都表现良好的产品;
- 在高档古着商店,可以找到高质量、维护良好、款式经典的优惠商品。

真品

令人惊叹的、有品位的、独特的珠宝能够提升女性的自然美。老钱们知道这一点,并将珠宝保持在极简状态。你可以效仿她们的做法：珠宝炫耀要适度，也要佩戴适度。请精心挑选用优质材料制成的精美珠宝，要知道，假冒的珠宝在有品位的人眼中是很容易被看出来的，应该避免佩戴。我强烈坚持这个观点，有两个原因。

首先，假冒品牌虽然有利可图，却是一种不良行为，而且是全球性的，也是充满暴力的。它不仅使购买假冒物品的人们受害，还使那些在恶劣条件下工作、几乎被当作奴隶剥削的人们受害。因此，考虑到这一点，你就可以决定是否购买那些假冒珠宝，去打动那些容易被打动的人。

其次，我会告诉你，老钱们拥有敏锐的雷达，她们从街对面就可以分辨出一个假的路易威登包。此外，老钱们认为使用假冒商品是一种拼命想打动人、极力欺骗的行为。这并不吸引人，也是不被容忍的。因此，当你因为拥有一件假冒商品而受到轻蔑和拒绝时，不要来向我哭诉。

一块真正的卡地亚坦克手表或不锈钢劳力士比一堆华丽的钻石或立方氧化锆更有深意。再次强调：慢慢地购买真正的、优质的珠宝。与冒牌品不同，购买真正的珠宝是明智的投资，应该持续一生，奢华的戒指、项链和手表都有它们的位置。即便是地球上最富有的女性，在日常佩戴珠宝时也更倾向于低调奢华。

忽略那些大众常常选择的吵闹的商标和标签；
听真正的财富在低语……
良好的礼仪和优质的鞋子。

—— 来自一位老钱的诗 ——

女士们，服饰虽然重要，但更重要的是按照自己的方式生活。我附上这首诗，希望能为你们带来一些启发。

海盗女王之歌

2018年6月29日
摘自某"老钱"的博客

哦,成为海上的海盗女王,

在海上航行,

未知的冒险和未见的陆地——

是的,那才是我的生活!

一只眼睛望向地平线,

宝藏满载在船底,

我为自己规划航线,

探索新领域,

决定自己

何时何地抛锚或起航。

我将带着王者的风范,

向海鸥询问

它愿意分享的智慧;

作为海洋的皇家公主,

我将与海豚共论,

它们跃起和溅落。

一只手握住我的剑,
我守护我的船只和我的心:
依然对友谊和激情敞开,
不管它们如何开始。

然而,没有男人能够俘获我,
除非他先投降;
因为我虽然热爱爱情,
但失去自由是对我的诅咒。

皇家血液在我血脉中奔流,
满帆迎风,
我将过着如钻石般丰富的生活,
享受如鲸鱼般巨大的欢乐。

谁知道哪场风暴会将我卷入,
或我将在哪场战斗中倒下?
但我宁愿被抛入汹涌的深海,
也不愿凋零在某个沉睡的港口。

所以，当我试验自己的勇气，面对自己的过失——

谁知道我会成为谁或什么？

但首先，我将成为一名海盗女王——

是的，那才是我的生活！

先生们，《老钱：绅士版》提供的这个小摘录，介绍了日常穿着得体背后的一些很少被讨论的"思考过程"。如果你想注重穿着，这些想法可能会帮助你集中精力。如果你对穿着不是很感兴趣，这两个概念——"穿着得体的哲学"和"创建衣橱的目的"可能会鼓励你提升自己的形象。

穿着得体的哲学

为什么要谈论穿着得体的哲学呢?

答案很简单:如果我们理解为什么某件事是这样的,或者为什么它会产生某种效果,我们就更容易理解它、接受它,并付诸实践。

在功能上,服装保护我们免受自然因素——雨水、寒冷、骄阳、蚊虫的侵害,并防止因为裸露行为而被逮捕。

抛开这些基本功能,服装所起到的其他一切功能都是心理上的。请记住这一点。

我们通过服装来表达自己,去沟通,去挑衅,去控制或影响他人,甚至是自己。

我们选择的服装会影响我们的日常活动。例如:

- 你可能穿一件夹克来支持本地运动队,识别并与你支持的运动队建立联系;
- 你可能被公司要求以某种方式着装,以在工作场所显得专业,让客户和同事受益;
- 你可能注意到孩子们在穿得整齐时表现更好(在班级照相日询问一下老师);

- 你可能在餐馆和商店因穿着得体而得到更好的服务；
- 你甚至可能在穿着得体时对自己感觉更好。

聪明人很早就知道这些真理。

制服

拿破仑·波拿巴，有史以来最伟大的将军之一，曾指出："人成为他的制服的俘虏。"

让我们谈谈你会用到的制服。

我们这里谈到的制服被称作"北极星"，它由两种传统服装结合而成：新英格兰地区私立预备学校学生的制服，以及波士顿绅士们朴素风格的服装。

它们的风格是稳定的、永恒的，并且是普遍有效的。我们尊重这两种原型，它们代表的价值观是：

- 教育和平等——预备学校的学生都穿着相同的制服，并获得相同的教育，无论他们是富有还是贫穷；

- 功能与低调——季节循环往复,波士顿的绅士们穿着品质上乘的衣物,看起来很好,但又不会明显地引起人们对他们财富或地位的关注。

他们还因其穿着简朴而令人欣赏。预备学校的学生通常穿蓝色西装外套,搭配斜纹领带、白色或蓝色衬衫以及卡其裤或灰色长裤。绅士们则穿着羊毛外套、舒适的毛衣、正装衬衫、保暖长裤和坚固的鞋子,毫不炫耀,毫不花哨。

学生和绅士都穿着实用的衣物,而且与他们的身份地位相符,他们不必过多考虑,如预备学校的学生往往只是被告知赶紧穿上制服去上课。

创建你的"制服"

我建议你遵循以下流程来创建你的"制服"。

- 了解优质服装的重要性以及它所传达的信息;
- 优先考虑你每天要穿的衣服,为它最大化制定你的预算;

- 准备一套必备单品以平衡你的衣橱；

- 通过归纳、清洁和妥善存放你的衣物来保护你的投资；

- 了解适合不同场合或天气的服装搭配；

- 做到每天都能不犹豫、不迷茫、不拖延地着装。

请记住：在这一部分，我解释了我们为什么这样穿衣，并教你如何思考服装选购和搭配。在本书的第二部分，我们将详细探讨必备单品清单，并加以描述。

这两部分将帮助你逐渐建立一个衣橱，其特点是：

- 风格传统；

- 质量上乘；

- 价格合理；

- 用途多样；

- 材质耐用；

- 风格低调。

所有这些，无须过多思考，但你仍然要理解在做什么以及为什么这么做。

现在，让我们来谈谈你应该为你的衣橱做什么……

创建衣橱的目的

女性衣橱建立的目的历来都是显得有吸引力。你们可以自行探讨和辩论这一点有多少变化。

而男性衣橱建立的目的是显得可靠，这一点一直没有改变。"我可以信任你吗？"这是生活中的重大问题之一，是每一段人际关系的核心。是你的伴侣想知道的，是你的老板想知道的，是你的员工想知道的，也是你的朋友和家人想知道的。

通过你的穿着展现出可靠的形象，如尊重承诺、履行责任、在情感上能够提供支持，然后用行动——你的行为方式跟进这种表现。

想着用着装来引起别人注意是错误的。要避免"孔雀综合征"——试图通过华丽的服装来吸引注意；要避免"冒名顶替综合征"——试图显得比实际更富有，但任何你真正想引起注意的人可能从远处就能看出来你是个冒牌货。

为每个场合得体着装，这是你创建衣橱的目的。

即使随机穿衣，也能让别人在五分钟内意识到你穿着得体。这就是你的衣橱应该发挥的微妙用处。

你的穿着在传达信息。人们会看到你，评估你，对你的背景做出合理猜测，得出你具有某些性格特征的结论——假设你具有某些能力，并在你开口说话之前决定是否想要了解你。

所有这一切主要取决于你的穿着风格。心理学家估计，这一切发生得非常迅速，可能只需要大约 3 秒钟。

这算是一种偏见吗？哦，是的。这种偏见会继续吗？哦，是的。

藏在电影中的细节

想想这种情况：我刚才描述的视觉过程同样发生在你看电影时。一个角色进入一个场景，你作为观众第一次看到他。如果你是以小说的形式了解这个故事，可能需要看完一页半的文字得到这个角色的信息：他是谁，来自哪里，他想要什么，以及他的长相如何。

但电影导演没有那么多时间，这个角色必须在几秒钟内以视觉形式传达给你，也就是观众。

导演是如何做到这一点的？实际上，他没有做到。他只是雇一个服装设计师来做这件事。服装设计师阅读剧本，了解这个角色，比如说是个反派，然后为这个角色找到合适的衣服，这样当观众看到时，会立即对他是谁以及他在电影故事中可能扮演的角色有一个很好的猜测。

当你看到约翰·马尔科维奇穿着运动服、闪亮的T恤，脖子上挂着一条金项链进入一个场所时，你会想："哦，那是约翰·马尔科维奇，我喜欢那家伙。"潜意识里，你也会想："穿这样的服装，他可能是坏人，因为黑帮成员总是会穿运动服、真丝T恤，戴金项链。"

事实上，如果电影中的一个人戴着金项链，那几乎总是意味着他是个黑帮成员。这可能很微妙，就像电影《迈克尔·克莱顿》(*Michael Clayton*)中的放高利贷者，金项链隐藏在他的毛衣领子下，或者很明显地露着，如同电影《疤面煞星》(*Scarface*)中的阿尔·帕西诺。

如果你在电影中看到一个角色穿着棕褐色灯芯绒夹克，那他可能就是个记者。看看20世纪70年代的电影《总统班底》(*All the President's Men*)中的罗伯特·雷德福，或者电影《爵士灵魂》(*Miles Ahead*，这是一部迈尔斯·戴维斯的传记片)中的伊万·麦克格雷格，你会发现"棕褐色灯芯绒夹克等于记者"。

这个过程就是视觉心理学的运作方式。理解这一点很重要，这样你就可以让它为你所用。

当人们看到你的穿着时，他们会在脑海中构建你的"角色"。这是通过着装塑造他人对你的看法并给对方留下良好印象的第一个机会。

当然，随后的言辞和行动是否符合他们对你角色和能力的假设，完全取决于你。但衣着是我们在这里讨论的起点。

正如我在《老钱：绅士版》中提到的，有成百上千的书籍和网站提供了大量关于男装历史的、纷繁复杂的、百科全书式的信息。我们可能一辈子都无法理解消化完这些信息。

然而，要完全理解并欣赏一些风格的更微妙细节，可能仅凭书籍和网站上的内容是不够的。你可能需要从生活中慢慢寻找，就像我最近发现的那样。

扣环中的信息

2019年2月10日
摘自某"老钱"的博客

法国文化中蕴含的非语言交流对我来说有着永无止境的魅力,尤其在巴黎。因为我法语说得不够流利,无法捕捉到某些微妙且具有启示性的措辞,可能也错过了对话中包含的双关语或幽默的精髓。

然而,我确实捕捉到了巴黎人不经意间透露出的一些视觉线索,他们通过这些线索来表达个性、交流身份,或以其他方式将自己与芸芸众生区分开来。

让我来描述一个例子:在街区的一个咖啡馆里,坐着各类人士,他们以固定的频率来来往往。早晨,最早站在吧台的是身穿石灰绿色制服的环卫工人,他们在清理垃圾的间隙休息一下。

几分钟后,身着西装的专业人士踏入咖啡馆,与环卫工人擦肩而过,然后端起一杯振奋斗志的咖啡前往办公室。

再晚一些,当地的精品店老板站在吧台或靠近侧门的桌子旁,抱怨雨天对生意造成的影响。然后,游客们挤满了桌子,为一天的观光之旅补充能量,身处巴黎的兴奋感让他们忘却了时差带来的不适。

每个群体的鞋子各具特色:市政工人穿着笨重、沾满泥点的黑色工作靴；办公室工作者穿着黑色系带正装鞋；精品店老板穿着实用的正装休闲鞋，通常带有橡胶鞋底以提供舒适感；游客们则几乎总是穿着运动鞋。

在这些不同的群体之中，常常有一位年迈的法国人，他或许坐在角落里，或者挤在柜台尽头的窗边座位上。他可能是（现在或曾经）有头衔的贵族，在社区中的地位也毋庸置疑。

他一生都住在这里，而"这里"，我指的是他现在的居住地及其附近，很可能就是他出生、长大的同一处所，几个世纪以来他的祖先也在这里出生和长大。他的家族可能在附近拥有几套公寓，他们住在其中，或出租，或空置，这取决于当时的情况和他们的心情。（他们是法国人，按说是非常任性的。）

他的头发是银白色的，表情是坚毅的，这让人觉得即便他没有见过所有事情，那也一定见过很多；他的衬衫昂贵，但不是显而易见的那种；他的毛衣是羊绒或羊毛的，已经穿了很多年，但他并不在乎；他的运动夹克是斜纹软呢的，通常是大地色调。冬天时，他会层层包裹，简直像只乌龟，还外加一条围巾来抵御寒冷。他的宽松灯芯绒裤子经常是醒目的红色或石灰绿色，这是他的第一个身份标志：他不是为了办公室或生意而穿着，他没有老板，他也不需要为对他表示认可或给予好评的客户而穿着。

在法国，大多数职场男士习惯选择剪裁修身的黑色或海军蓝色商务套装、白色衬衫、黑色或海军蓝色领带和黑色鞋子，而这些昂贵、宽松且色彩丰富的灯芯绒裤子则不拘一格。

然而，通常在我们从头到脚审视这位阁下时，最具说明性的时尚信号留到了最后：未扣的修道士单带正装鞋。另外，较少见的但同样有说明性的天鹅绒便鞋，通常是黑色或酒红色。

未扣的鞋向细心的观察者传递了一些重要信息："我走得不远""我肯定不需要走得很快""无论我决定什么时候离开，我都不会匆忙"。对我来说，扣环叮当作响的声音让我想起了老西部电影中歹徒进入酒馆的画面，随着每一步声响，其他顾客渐渐地停止了交谈和打牌。

在这个现代咖啡馆里，游客通常对当地的房地产价格漠不关心，比如他们不关心附近一套140平方米的公寓最近以230万欧元的价格售出，也没有注意到小村庄的这位高贵居民的坚毅、自豪的举止。究其原因：或许是因为传统的身份象征在这里要么黯然失色，要么被巧妙地隐藏起来；又或许是因为许多巴黎人对这些话题早已习以为常，听而不闻。

然而，如果你仔细倾听，那扣环叮当作响的修道士单带鞋在轻声细语地传递着许多信息。

语法措辞
Diction And Grammar

如果你要说话,
就要说清楚;
在说出每个词之前都要精雕细琢。

—— 老奥利弗·温德尔·霍姆斯

老钱可能会说一点儿地区方言——柔和的南方腔调或紧凑的新英格兰口音,但经过岁月的锤炼,那些方言的棱角已然被打磨得圆润光滑,不再显得突兀。老钱通常说所谓的标准美式英语。

老钱的发音清晰,音量柔和适中,声音中没有令人不愉快的鼻音或刺耳的嘶哑,也不尖锐。因为声音发源于肺部而不是喉咙,他们声带不会紧张,所以说话的速度不会快到听不清楚,也不会慢到在一句话说完前听众就失去兴趣。

在语法方面,当有人问"你好吗?"时,老钱会回答:"一切都好(I'm well),谢谢。"其他人可能会回答:"我挺好的(I'm good),谢谢。"好,是指不坏吗?还是在哪个方面很好?

老钱的表达能力很强。他有丰富的词汇量,能使用正确的词汇来传达思想,并不断通过学习新词汇来增加其词汇量。如果你觉得自己的词汇量也需要提高(我们所有人都需要),那就养成每天学习一个新词(含义和发音)的习惯。当你阅读一本书或文章时,遇到不熟悉的单词,记下来并研究它的含义,然后回头看看它运用于什么语境。

老钱不会用其词汇来恐吓或排挤他人，也不会为了展示自己受过多高的教育或多么见多识广来使用词汇。虽然老钱从不粗鲁，但他不会在语言上粉饰事实，让情况看起来比实际上好。老钱的表达习惯往往直率而简洁，但其思考是敏锐、详尽和慎重的，这体现在其词汇的使用上。

当你开始改变语言的表达模式来实现自我提升时，当你与商业同行或社会地位较高的人士交往时，应该更倾向于使用标准的语言。然而，当你只是和朋友闲逛时，你可能会回归到方言、懒于修饰的语法或口语化的表达方式。请注意：这样做对你没有好处。当你努力改变时，要让这种变化缓慢、持久而全面，否则，你可能会被视为只在某个群体面前使用某种表述方式的虚伪之人。这也可能导致你内心冲突，以致不知道真正的自己是谁。

可善加利用的人

对于想认真提高表达能力的人，或者那些经常公开演讲的人，他们可以寻求专业的言语指导老师的帮助。他们的收费非常合理，几周内教授的技巧就可以让你受益终身。

彼时与此刻

我很想告诉你，自从我 2013 年首次出版这本书以来，我以为人们惯用的语法和措辞已经大为改善，但事实并非如此。我经常在电视上听到母语为英语者的错误发音。当你向某人提出请求时，你是在"ask"（请求）他做某事，而不是"axe"（斧头）他去做；你未来要做的事情不是"fixing to do"（试图准备去做），而是将在未来某个时刻去做。

不仅有发音错误，还有词汇使用不当的情况，比如我在一份备受尊敬的报纸上读到的文章标题声称某事是"wrong"（错误的），而实际上它是不准确的或不真实的。福特汽车公司推出的汽车广告鼓励潜在买家"go further"（走得更远），而这实际意味着要更详细地了解。我认为汽车公司是希望我们"go farther"（走得更远），这是指物理距离。

为什么我如此执着于正确使用语言（口头和书面）？因为准确地传达我们的意思至关重要。在个人关系中，当我们想表达感情时，这一点很重要。在商业沟通中更是重要之极，这样，客户和同事才能清楚地理解我们打算提供的服务或打算购买的商品。

更重要的是，我们必须时刻注意自己的言辞，确保不会养成坏习惯。美国人常见的一个习惯是过多且不正确地使用"像"（like）这个词。"然后我就像，你知道的，变得很生气。她又像，嘿，别生我的气。我们就像，互相吵架……"（And I was like, you know, getting really angry, and she was all like, hey, don't be mad with me, and we were like, yelling at each other…）听上一分钟像这样说的话，我就想高声尖叫。对正确使用词汇感到担忧的远不止我一个人。

1635年，法国成立了法兰西学院，旨在保护和维持法语的传承。该学院还负责仲裁所有语言事务，这表明法国人非常注重语言使用上的精确性：用确切的词传达具体的思想。冰岛政府也非常警惕，因为世界上已经很少有人说冰岛语言了，所以出于对语言保护的考虑，他们不允许某些外来词汇出现在他们的词典中，他们希望保持冰岛语言的纯洁性。

作为英语使用者，我们总是欢迎新词汇进入我们的日常词汇使用单中。但我们仍然需要提高我们的标准，使用良好的语法与正确的措辞。

我们需要确切地表达自己的意思，即使在写电子邮件或进行日常对话中，也要找到合适的词来表达。

当然，我们还需要说到做到，但这是另一个问题。

家居
Furnishings

看见那个咖啡桌了吗?已经两百岁了。
把你的脚放上去,或者把你的饮料放上去,
我们都不在乎,东西就是用来使用的,
只是别喝得太醉以免摔坏它。妈妈会疯掉的。

—— 康涅狄格州的老钱

老钱有幸会继承祖辈的沙发、椅子、桌子等，这些家具来自有眼光、有购买能力以及有头脑保存它们的富裕祖辈。你可能也是如此，继承了一些好东西，从而免去了为自己的住所配备家具的费用。

如果没有，别担心，还有希望。这种希望存在于其他人的无知、疏忽和糟糕的判断力之中。这里的"其他人"是那些过去曾经获得过高质量家具，但家族中没有任何成员有意愿、有兴趣或有远见保留它们的人。因此，这些高质量的家具最终以远低于其价值的价格出现在拍卖会、慈善商店和遗产销售中。这种做法不像老钱，但对你有好处。

像许多老钱的事业一样，这需要你投入时间、耐心和金钱。有了这些，再加上一点儿运气，在相对短的时间内你就可以把一间空荡荡的公寓装饰成一间充满坚固、舒适和漂亮沙发、桌子、灯和椅子的住所。

首先你要知道去哪里选购这些东西。时尚的古着店和古董店是可以的，但它们有经营成本并且目的是赚钱，因此价格可能会较高。由慈善机构运营的二手商店和社区内的车库销售店是更好的选择，这些地方的经营成本较低，经营目的很有可能是将家具从商店或车库里搬出去清仓，而不是追求可观的利润。

一个非常好的高质量家具的来源是当地的拍卖行，像苏富比和佳士得这样的高端拍卖行出售的艺术品和古董，价格可能达到百万美元。老钱会在那里购物，而且确实经常在那里购物。但如果你刚起步或想重新开始，那么当地那些清理继承人或债权人遗产的拍卖行是获取沙发、椅子、地毯和桌子的好地方，而且价格往往也只是这些物品零售价的一小部分。这些物品通常风格传统、结构坚固、形状各异，它们可能是崭新的，也可能磨损得破烂不堪。

很多时候，这些拍卖会上出售的价格从 1 美元到 1 万美元不等的物品，都有极具潜力的好价值。同样，它们确实需要你投入大量的耐心，深思熟虑，并且有现金，但节省下来的钱与所获得的回报将无比值得。这些拍卖会也非常有趣。

在参加拍卖会之前，最重要的事情是预览即将出售的物品。预览通常在拍卖前几天或几小时进行，这为精明的买家提供了浏览所有待售物品的机会。你可以近距离检查感兴趣的任何物品，并查看拍卖行目录，了解每件物品的拍卖估价。

预览提供了评估商品的机会，从几米远处看起来很棒的沙发可能在近距离检查时会被发现有结构问题；从远处看起来糟糕的椅子可能有坚固美观的手工雕刻腿。当然还有其他买家。这些买家可能不像苏富比拍卖行的社会名媛那样着装，但他们有钱。他们通常是你不打算去的古董和古着零售店的老板，他们会在拍卖会上竞标优质商品，有时以难以置信的低价买下，然后把它放在镇上的展示厅里，并加上高昂的标价。一些有钱但不够明智的人可能会购买这件物品，可这就是生意，只不过这不是老钱做生意的方式。

在预览之后、拍卖之前，你将有机会查看拍卖行目录。你可能会注意到几件想要竞标的物品，记住，你仍然要优先购买每天需要使用的东西。你会看拍卖估价，并剔除那些可能超出你预算的物品，但不要完全排除它们，因为每场拍卖都有惊喜。有些物品的成交价是它们估价的数倍，也有些物品不管估价如何，都可能以接近成本价的低价成交。所以，注意在你喜欢的物品出售时寻找机会。

当你感兴趣的物品开始竞标时，保持冷静，不要首先出价，不要急于出价，感受一下拍卖会现场的氛围，这件物品是很多人感兴趣，还是几乎没人关注？了解你的预算，并有策略地出价，不要被现场的氛围冲昏头脑，因为总会有另一把椅子或另一张桌子在另一天出现在你的视野中。同时要意识到，你购买的物品可能会加收 10% 的溢价费，外加销售税，这可能使你新宝贝的购得价比销售价高出 20%，而且如果是一张大沙发或桌子，你还得把它从拍卖行搬到你家，所以一把 50 美元的扶手椅到最后放在你客厅时可能要花费 100 美元。

然而，在这些拍卖行发现的便宜货几乎总是令人惊叹。你还要注意，拍卖会是社交活动，要有礼貌，在竞标进行时不要讲话。人们在这里相遇、交谈、相互竞价，并享受竞标过程中的乐趣。

拍卖行是寻找家具、餐具、玻璃器皿和桌布的好地方，你只需先确保已经预览过计划竞标的任何物品。

无论你是在车库销售店、二手店还是拍卖行看一件家具，要做的就是忽略布料，看看框架。乍一看，一张来自 20 世纪 70 年代的绿色和黄色格子沙发可能是个糟糕的选择，但如果你能越过这一点，发现其中手工雕刻的木头和那套仍然坚固的弹簧，你可能就找到宝贝了。想象一下，这张沙发如果是棕褐色天鹅绒的，或者配上几个靠枕会是什么样子。相对于购买新品来说，这样的沙发和扶手椅通常相当于不花费分毫。而老钱从不会按零售价购买新家具，如果老钱确实为一件家具支付了高价，那将是一件会保值、升值并且可以通过拍卖行——如苏富比或佳士得卖出好价钱的古董。

一旦你购买了一套沙发或椅子,你可能想要重新装饰它们以适应你的品位。你可以慢慢来,在你所在地区找一家布料店,选择足够的布料来覆盖家具,或许还可以多选一些做靠枕。布料店会有图解指导,不要选太花哨、闪耀或俗气的布料,要选优雅、永恒、耐用、舒适的布料。因为你希望任何人,从美国总统到当地的屠夫,都能在来你家的时候感到舒适。你要创造的不是一个展示室,而是一个日常生活的地方。可以参考展示老钱住宅的精装书籍,而不是迎合中产阶级和暴发户的当代家居装饰杂志。

如果你刚开始布置,或者打算重新开始,那么大地色系的布料很适合你。在靠枕和配饰上添加明亮色彩的点缀可以增添生机,且容易更换。

让朋友、亲戚和同事推荐当地的装饰店。这样的店几乎总是由一位年长的绅士经营。看看他的作品,如果你喜欢,也可以讨论价格。如果他手头有合适的布料,你可以自己选择,也可以由他推荐,或者你可以自己找到布料并提供给他。他会来取走你的家具,在一两周内重新装饰,然后送回。购买二手优质家具并重新装饰的成本远低于新品零售价,而且你可以得到完全符合你要求的东西,虽然这可能需要更长时间,但它也更持久耐用。许多老钱从不购买新家具,他们只是在有需要的情况下每隔 10 年或 20 年重新装饰现有家具。

注意：如果你一次只购买一件家具，也不重新装饰它，那么它可能看起来与其他家具的风格不太协调。这是可以理解的，也不完全是不可接受的。如果这让你不舒服，可以将家具所在的房间墙壁漆成非常鲜艳的颜色，这会把人们的视线从家具上移走，并给传统的房间增添活力。

但要谨慎些，先在白色的墙上试涂一种颜色样本，并停留一两周，看看你的眼睛能否适应，看它能否和现有的装饰相融合。因为你也不想在给整个房间刷完漆之后，对自己说："为什么当时看起来是个好主意？"

记住：不要浪费钱购买零售的新家具，这个规则也适用于餐具、桌布和地毯。慈善商店和偏僻的二手店是寻找优质家具的宝地，而且价格优惠。

注意：老钱的家中不会选用白色的墙壁漆，它们太过于刺眼。油漆的作用是软化房间的氛围，使人在房间中感到放松，或者是营造某种氛围，比如用红色来装饰餐厅，促进食欲和交谈。请学会恰当使用空间。

风水是使居住空间和工作空间和谐的古老艺术，虽然许多人对它不屑一顾，但许多中国世家坚信其理念，并认为因此繁荣。你可以考虑学习并将其基本理念应用到你的家中和办公室中。在线资源是你了解这一传统概念的第一步,书籍是第二步。

实用提示

- 如果你有孩子或计划要孩子,在选择白色缎子做沙发面料前请三思。
- 在硬木地板上铺局域小地毯比整铺地毯更可取。
- 我们都见过那种"狗玩扑克"风格的带边框印刷装饰画,请不要选择。
- 二手钢琴的售价约为新钢琴价格的四分之一,若你准备让孩子们学习弹钢琴,请查看相关分类广告。
- 价格合理且有趣的墙面装饰,能够展示你的喜好。可以使用二手相框,将你喜欢的葡萄酒标签、喜欢的国家或城市的地图,或家庭宠物的深褐色照片装裱起来。这样的装饰简单而富有个性。
- 植物不仅会使房间更具吸引力,还能提供氧气。每个房间都放些植物,并经常给它们浇水,与它们交流,播放古典音乐以促进它们生长,我不是在开玩笑。
- 如果你与配偶共享一套房子,不要单方面主导公共区域的装饰品味。

- 先生们，把黑色皮革椅和经典日历保留在指定的男士房间；女士们，请不要过多地使用花边饰品。
- 请适度控制房子里电子设备的大小和数量，一台电视和一套音响足矣，请多用书籍、植物和那些促进交流和沉思的装饰。

可善加利用的人

你需要一位以合理价格重新装潢家具的当地工匠。

你还需要一把油漆刷，你将用它来粉刷墙壁。

彼时与此刻

当前的经济状况可能决定了你只能居住在一个较小的空间，或至少比你所期望的小一些。如果是这种情况，不妨将现实处境视为一次改善室内设计和整理收纳能力的机会，而不是一个限制。

请准备以下物品，以最大化地利用被你称为家的空间：

- 一款复古轮船行李箱，既可作为咖啡桌使用，也可利用其内部空间来储物。
- 一款在其扶手内置储物空间的沙发，或者那种可以展开成为一张床的沙发。
- 一件既可用作书桌又可用作储物柜的家具。这种家具通常风格非常传统，大小适中，用途多样。
- 一张可容纳四到六人进餐的折叠桌，用后可以折叠起来紧贴墙壁放置。
- 折叠纱门或窗帘，拉开时，可以暂时将房间分隔以保护隐私，使用后可以折叠起来，放在角落里。
- 一面大型全身镜，用于反射光线并营造更大空间的感觉。放在卧室非常好用，而且它们不一定要挂在墙上，可以直接放在地板上，或靠在墙上。

住所中最常被低估的空间之一通常是床下和床周围的空间。家具设计师提供了许多选项以充分利用这个区域。如：

- 一张带有可弹起床垫的床,弹起后床垫下方露出储物空间;
- 一张床框下方内置抽屉或储物架的床;
- 一张床头板和 / 或床尾板内置储物空间的床;
- 一张床框较高,可以把箱子或容器放在床底的床;
- 一张可折叠并收入到墙柜中的墨菲床。

要获取更多的想法和灵感,可以了解一下豪华游艇、定制房车、集装箱 / 模块化住宅、拖车和小屋是如何最大化利用有限空间的。

找到涵盖这些行业的在线出版物和印刷出版物,你会看到很多照片或设计理念,这将帮助你更好地利用现在拥有的空间以及将来可能要搬进的空间。

阅读
Reading

告诉我一个读书的家庭,
我将告诉你那些改变世界的人。

—— 拿破仑·波拿巴

♦

　　老钱们热爱阅读,就是这么简单。

　　阅读可能是你自己可以进行的最重要的思维锻炼。定期阅读是至关重要的,这对于你的大脑来说就像进行举重训练,学习能力和记忆阅读就是在锻炼"肌肉"。

　　如果你未接受过正规教育,那么你可以通过一个充满乐趣的、丰富的自学课程来弥补这一点;如果你接受过高质量的正规教育,请不要让你的灵魂停止成长,在坚实的基础上更进一步吧。

　　阅读将提高你的生活质量和你的人际关系质量,因为你的谈话质量在很大程度上取决于你阅读的内容。聪明、博学的人很少与那些不善于阅读的人进行长时间或定期的对话。

　　一个良好的阅读方案应是交替进行的:先阅读一本你想阅读的、你感兴趣的主题的书,甚至可以是一本会让你有负罪感的愉快的书,然后阅读一本你应该阅读的书,一本经典之作。读小说,你将发现历史在重演,而人们的心灵与行为在本质上似乎没有太多的改变;读诗,你将发现爱与痛苦的言辞是多么惊人的永恒,历久弥新;读哲学,你将发现你能否理解哲学；读戏剧，如果读莎士比亚，大声朗读可能更有帮助。不要感到尴尬，因为你不是第一个这样做并乐在其中的人。

伟大人物的传记将为你展示传奇背后的那个普通人，他们的故事将不可避免地讲述黑暗时刻，如果你自己遇到人生的黑暗时刻，这可能会很有帮助。他们度过了自己的黑暗时刻并取得了胜利，你也会这样。

你阅读的书籍要么将提升你的智力水平，要么会将你腐蚀。你会在阅读的这段宝贵时间里往大脑里加载思想，所以请谨慎选择你的阅读材料。

若能将观看电视时间变成阅读时间，你的生活和你的家庭可能会立即变得更好。

如果你只读了学校要求或工作所需的书籍，那么你的人生体验将只触及冰山一角。

如果有人提到一个听起来很有趣的书名或作者，请记下来，这会让提到它的人感到受宠若惊。分享的喜悦是建立一段人际关系的良好起点。

避开那些销售最新名人自传和电视名厨食谱的大型零售书店，找那些拥有渊博知识的员工和满满激情的老板的二手书店，以及那些转售书籍的慈善商店。

老钱喜欢阅读的书

- 威廉·莎士比亚（William Shakespeare）的戏剧；
- 沃尔特·惠特曼（Walt Whitman）的诗歌；
- 爱伦·坡（Allan Poe）和华盛顿·欧文（Washington Irving）的短篇小说；
- 查尔斯·狄更斯（Charles Dickens）的小说；
- 拉尔夫·沃尔多·爱默生（Ralph Waldo Emerson）的散文；
- 马可·奥勒留（Marcus Aurelius）的《沉思录》；
- 拜伦（Byron）勋爵的生平；
- 泰戈尔（Tagore）的思想。

可善加利用的人

你可以与当地的公共图书馆和图书管理员建立联系。

你也可以向喜爱阅读的家人、朋友和同事询问，看他们正在读什么，找到一个感兴趣的主题，深入了解。

彼时与此刻

伟大作家及其作品的名单从未真正改变，只是在不断扩展。请允许我在这份名单中加入简·奥斯汀（Jane Austen）、玛丽·雪莱（Mary Shelley）、艾米莉·狄金森（Emily Dickinson）、勃朗特姐妹（the Bronte sisters）、阿加莎·克里斯蒂（Agatha Christie）、哈珀·李（Harper Lee）、路易莎·梅·奥尔科特（Louisa May Alcott）、爱丽丝·沃克（Alice Walker）、玛雅·安吉罗（Maya Angelou）和伊迪丝·华顿（Edith Wharton）。

我发现我喜欢的，不仅仅是阅读伟大作家的作品，还有阅读他们的传记。通过了解他们的个人生活以及他们生活的时代如何影响了他们的作品，可以增加理解和欣赏他们及其作品的维度。

请享受阅读。

我在巴黎的时候，有很多时间可以用来阅读。当然还有很多其他事情可以做，我在下面的诗中提到了这些。

我原本计划做的所有事情

2020 年 5 月 14 日
摘自某 "老钱" 的博客

我有那么一刻——好吧，不止一刻——
回顾了我所有曾计划要做的事情。
哦，行程本该是疯狂的：
乘火车去伦敦，乘飞机去戛纳。

但周密的计划被打乱。
我终于，
算出了一个虽小却深思熟虑的总和，
关于我实际上要完成的所有事情。

我重新联系了曾经认识的朋友，
他们曾熟悉的轨迹已变得杂草丛生，
坐下来，电话中静静地怀旧一刻，
聊天、欢笑、倾听。

我停下来，让大脑空白，
安静地沉思着，
曾经忙碌的工作日常步伐，

让寂静占据它应有的位置，
当黎明接近，温暖而闪耀。

我仔细而深思熟虑地回顾了
所有我以为我必须做的事情：
曾经看似重要，现在却如此微不足道，
若不完成……哦，天会塌下来！
但它并没有，我现在意识到。
向前看，我想，下巴搁在手上，
这之后，然后呢？计划是什么？

未来，曾看似如此确定，
像个孩子一样惊奇地遐想。
并没有回答，甚至不在乎。

因为我们并不是我们自以为的强大之神，
那些征服、夸耀、庆祝、畅饮的人；
我们只是迷失和转瞬即逝的幽灵，
在我们的主人的快乐中兴衰，
而当胜利与灾难在我们周围起舞时，
我们假装控制着更多时候是偶然的事，
我们很少做我们有计划要做的事情。

住宅
Housing

你所在之处,即是家。

—— 艾米莉·狄金森

♦

　　老钱在选择住所时首先考虑的是安全性。这个社区安全吗？这座建筑安全吗？水和燃气来源及系统是否安全？老钱考虑的第二件事是他们能否负担得起这个住所。这个地方的每月费用——租金、水电费和任何相关费用是否在预算之内？老钱考虑的第三件事是清洁，即生活空间及其周围环境得保持整洁且卫生。老钱考虑的第四件事是邻里环境，学校是否已经考虑在内？交通是否便利？上班通勤需要多长时间？该地区有哪些商业和服务？附近有公园、博物馆或图书馆吗？

　　情感不应成为这个决策过程的一部分，豪华地毯、厨房里的现代设备、绝佳的景观，或是为租户提供的游泳池都不重要，功能性和可负担性才是老钱选择住所时关键的参考因素。

　　如果你才起步或打算重新开始，不妨选择租房而不要急于拥有私人住宅。如果老钱还没有实现经济独立，那么他们会先寻求经济独立，然后再寻求拥有一套舒适的私人住宅。

　　老钱的生活开支远低于其实际收入，尤其是在住房方面，因为购房或租房可能是家庭预算中最大的一笔开支。

　　老钱在挑选住所时，首先考虑的是社区的品质，其次才是房屋本身，对他们而言，居住在优质社区中的小房子，远比在劣质社区中拥有宽敞的大房子更为理想。

老钱会确保所在社区有优质的公立或私立学校，孩子们的教育是第一位的，如有必要，老钱会搬家，以确保孩子们能接受高质量的教育。

老钱在主要住宅上的投资仅占其总净资产的一小部分，因为主要住宅通常是一项开支，而不是会产生收入的资产。中产阶级在购置主要住宅时，通常会依赖于储蓄和借贷的方式。然而，这样的住宅除了日常的维护费用这一额外负担外，往往没有其他增值功能。更值得注意的是，抵押贷款往往成为家庭每月财务支出中的最大项。一旦抵押贷款太大或占据家庭预算过多，就可能会让一些中产阶级错失职业晋升、储蓄或投资的机会。

中产阶级渴望尽快购买房屋，其实在财务思维上他们通常被误导了，他们被灌输了房屋会带来安全感、舒适和保障的观念。实际上并非如此，为了购房，他们需要支付首付款，并承担一项严肃的、长期的还贷义务，很多时候还要投入大量的资源。你要知道在经济独立之前购买住宅，获利的是原房产所有者和房地产经纪人，而非现购房者。

同样，这也属于人们试图通过财务决策解决情感问题的情况。老钱不会这样做。他会通过客观的自我审视解决情感问题，并将其与财务决策分开。

如果没有继承房产，老钱会先租房，将原本用于首付的资金保留并进行保守投资，这样，以后购买主要住宅时，可以支付更多的首付，承担较低的月供，进而获得更多的经济独立性。当时机成熟时，老钱身上只承担较少或完全没有抵押贷款，他就可以将巨额的产权，以及这所房子留给子女居住、出租或出售。

如果你在刚起步或重新开始时的确必须购买房地产，那也要考虑购买一个能产生收入的物业。一个有两个或四个单元的住宅，你住其中一个，将其他的出租，这样可以降低拥有住房的成本，并享受税收优惠。

老钱很少翻新房屋，但如果要翻新，就一定确保这样做会增加物业价值。许多附加建设和所谓的改进并没有增值效果，所以，在翻新和花费辛苦赚来的钱之前，请咨询当地值得信任的房地产经纪人，确保这次翻新在二手市场上能够产生回报价值。

不要为了翻新而申请第二次抵押贷款，请用现金支付。如果你对花费辛苦赚来的现金感到犹豫不决，那足以说明了一些问题。

实用提示

- 穿上毛衣，打开窗户；或者燃起炉火，打开风扇。尽量减少使用中央空调，因为这是一笔不小的开销。
- 检查房屋隔热情况。
- 在冬天挂上厚重的窗帘。
- 水龙头漏水实际上就是金钱在流失。
- 离开房间时，请关灯。
- 房间数量可以少些，但房间面积要大些。
- 房子要小一些，占地要大一些，街道应该安静一些。
- 东西要少一些，空间才多一些。

彼时与此刻

在当前时间点（2020年下半年），我认为任何人都不适于购买住宅产业。由于我不向个人或公司提供财务或投资建议，因此请将这仅视为我个人的意见。我将解释为什么我这么认为，你可以斟酌我的观点是否有价值并做出自己的决定。

首先，尽管某些行业可能看起来非常稳健，或者一些专家对我们的未来非常自信，但现在的工作安全性非常低。我对我们的未来也持乐观态度，但乐观和按揭付款是两码事。数学是容不得讨价还价的。

如果你目前正在租房，有稳定的工作，并在银行中存有三个月、六个月或一年的生活费用，那么你的状况还不错。请保持这种状态，毕竟首付要交一大笔现金，然后还要承担按揭付款、维护成本和财产税。

记住：在不确定的时期，如果要采取商业举措，之后这些举措可以带来巨大利润，这是最好的；但不应该采取购房举措，因为这肯定会增加支出。

此外，你要了解当前所处的公共政策环境，并需要敏锐地察觉其潜在的自然演变趋势。随着工作岗位的流失和企业的相继关闭，政府税收收入会下降，有些地方可能会面临资金紧张的问题。像历史上经常发生的那样，有些地方会通过增加财产税来弥补资金不足，如果你成为房主，你的房产很可能成为他们眼中潜在的收入来源。如果你继续保持租户的身份，你的房东可能会因财产税增加而提高你的租金，但是，与未来几个月和几年内住宅的所有者可能面临的情况相比，这种增加将是小幅度的。

如果经济出现疲软,那么银行也会陷入困境。银行向企业提供信贷,企业为付按揭款的人提供就业机会。这是一个美妙的旋转木马,直到音乐停止。当这种情况发生时,房屋被迫抵押变得司空见惯,房产价值下降,消费者——而不是银行——会以某种方式付出高昂的代价。

要知道,租金并不总是像许多人告诉你的那样是"每个月都白白扔掉钱"。在经济疲软时期,这可能是一种保持低开支和保持健康的现金储备的优先策略。当然,也有些人可能会告诉你,向银行支付数十年的利息也是"每个月都白白扔掉钱"。但每个人的财务状况和生活目标不同,关键在于如何选择。

如果你目前是租房者,或者与父母/其他家庭成员一起居住,你也必须明白你目前的生活具有何等灵活性。如果你没有购房,而在较远的城市得到了一份绝佳的工作机会,那你就可以接受这个机会,将物品打包,租一辆卡车,然后即刻启程。

可如果你拥有住宅,你将面临更多问题。你必须找到一个值得信赖的房地产经纪人,将你的房屋挂牌出售,接着,你需要收拾好房屋,确保它呈现出最好的状态,并可能需要根据潜在买家的反馈进行相应的维修工作,然后等待出价,完成销售，最后在新城市找到一个新地方，并可能再次考虑购房。

再次强调，在经济疲软期，生存并生活得更好的策略包括：

- 低月度开销；
- 持续的储蓄和/或债务减少；
- 谨慎的投资（包括对自己的投资，如教育）；
- 不犯错误。

当然，当我们谈及错误时，其范畴广泛，包括了各种违法行为，特别是毒品和酒精的滥用。此外，仓促的婚姻决定、意外的怀孕，以及赌博和消费成瘾等问题，也都是不容忽视的。实际上，这些错误行为可以轻易地构成一张清单，无论是在当前还是任何其他时期，它们都应被视为应避免的行为。

如果你目前因为自愿或其他原因而与父母或其他家庭成员同住，我知道这至少可以说具有挑战性。想要最好地处理这种情况，请先明确你为什么这样做，并制订一个储蓄计划，这样你就可以看到每个月因为不用向他人支付租金而积累的资金。同时也要有一个更大的计划，明确你的职业规划以及你的生活目标。记住，目标应附带有行动和截止日期，最好是与你同住的人共享这些目标，这样他们就知道你在努力实现什么。

正如我之前所说，如果你现在仍然想购买房产，请考虑投资性质的房产，它更有可能保值或随时间增值。为什么？因为它的价值不在于另一个消费者愿意为它支付多少，而在于另一个投资者愿意为它支付多少，这在很大程度上取决于它每个月能产生多少租金收入。记住，你每个月仍然需要支付按揭款，而租金收入可能无法或只能部分覆盖这个金额。

此外，如果租客失业无法支付租金，要做好让他们离开，或为他们支付部分或全部租金以渡过难关等准备。这是做房东需要负责的一部分，尤其在某些经济困难时期。

关于拥有自己的房子这个想法，我知道，当你有孩子的时候，这个想法很吸引人，但目前是一个全新的世界，现在拥有住房可能并不是最优先事项。对许多人来说，现在的优先事项是生存；对许多其他人来说，保持经济独立是优先事项，为孩子的教育筹集资金才是第一位的。认识并接受这个新现实，正如法国父母经常劝告他们的孩子那样，做一个明智的人。

如果你确实购买了住房，那就尽一切努力尽快还清按揭。这意味着要放弃奢侈消费，如度假和购买新车。相反，你应该加倍支付按揭款，以便尽早偿还本金，这样能够避免让你的大部分月付款用于支付利息。许多移民到美国的家庭,特别是来自东南亚的家庭,在购买房屋时都这样做。家庭中的每个成员都在工作,为尽快完全拥有房屋这一目标做出贡献。许多时候你可以在 5 年内偿还完贷款,有时是 10 年,但这并不容易。

然而,一旦做出牺牲并还清按揭后,房屋就真正属于家庭,最终可以被视为资产。

过去几年中,传统砖石住房的替代品变得非常流行。如今,由集装箱和其他材料构建的住宅单元在全球范围内越来越常见,此外还有更为人所熟悉的拖车和休闲车,这些可以非常豪华。

这些创新设计和模型的吸引人之处包括:

- 较低的价格标签(集装箱住宅的起价可能只需 5 万美元);
- 比传统全尺寸住宅更低的碳排放量;
- 可以定制室内和室外设计元素;
- 可携带性。

还有一种特定类型的低成本、小面积住房叫微型房屋。

这些独立结构在建筑和材料上类似于传统房屋,但居住面积往往不到 38 平方米。

虽然这些相对较新的住房趋势可能不适用于有两个正在成长的孩子的夫妇,但它们为单身人士和想要保留现金、降低开支、过简单生活的夫妇提供了新选择。

社交
Socializing

我手下的大多数员工可能比我更聪明。
我唯一能做的事就是走进一个我不认识的人的房间，
然后离开时认识了五个可以成为我朋友或共事的人。
我并不总是喜欢这样做，但我学会了这样做，
因为我喜欢它带来的结果。

—— 费城的一位老钱

♦

  老钱过着丰富而充满活力的社交生活并热爱生活,你也应该这样做。朋友、家人、同学和同事构成了老钱的社交网络,就像大多数人一样。即使在互联网时代,老钱的社交也主要是在专门进行社交互动的非正式或正式场合面对面的。

  老钱不习惯去酒吧,尽管在工作后喝一杯酒并不少见,他们更喜欢在私人住宅、餐厅或私人俱乐部中进行大部分社交活动。

  对于老钱来说,面对面对话交流是社交的核心部分,而活泼、聪明、有趣的对话交流是定义老钱社交活动的最重要的特质。能够与以前从未见过面的人展开一场轻松愉快的交谈是老钱的标志。对于害羞或经验不足的人来说,这只需要掌握一些基本原则。

  在参与社交活动时,你需要知道应该穿什么、在活动开始前多久到达,还需要了解活动的原因(如果有的话)。当对穿着犹豫不决时,老钱们会采用"穿着"章节中讨论过的蓝色和黑色西装外套,除非被明确告知不要这样穿着打扮。如果你参加的是正式活动,活动在主人的家里举行,请为主人带上一束花、一份甜点或一瓶葡萄酒，也可以在前一天或后一天把花送到主人那里。

在邀请某人陪同之前，先了解是否可以带客人前往。如果主人邀请了你，但没有请你带客人，那就不要提出带一个人来，因为这可能会让你带来的人处于尴尬的位置，或者邀请者已经有合适的人选想让你见一见。在邀请某人陪你参加社交活动之前，你要非常了解这个人，因为别人会通过你带来客人的行为来衡量你，你带的客人反映了你的品位和判断力。

与人见面时，请有力地握手并微笑。记住他们的名字，在开始对话时称呼他们的名字，这将有助于你记住他们的名字。

提问，倾听，并看着对方的眼睛。

不要问个人问题，如某人从事什么工作、赚多少钱，或开什么样的车。相反，你可以问他来自哪里，或他如何认识了邀请你们参加这个活动的主人。如果你在喝葡萄酒，可以问他是否了解葡萄酒。

真诚地赞美他们的外表，如果你喜欢他们外表的某些方面，但不要赞美他们的胸部。

当被问到问题时，请诚实但有策略地回应。可以稍微详细一点儿，但要记住：对话是一种交流。一个字的答案可能会把天聊死，但长篇大论也会如此。

不要试图搞笑，你要么有趣，要么不有趣。无论哪种情况，在最初的对话中都要谨慎使用幽默，不要讲笑话、演单口喜剧。你可以讲一些简短的——注意重点是简短——关于你所做或想做的事情的有趣故事。但是，讲完之后记得马上将对话转回与你交谈的人或人们，并询问他们的兴趣所在。

请注意：如果这些故事不是自吹自擂，并且未涉及死亡、破坏和疾病这些话题，那它们会更有吸引力。

不要独占某人的时间，因为每个人到这里都是来进行社交的。聊几分钟后，你便可以大方地感谢他与你交谈，告诉他这次对话让你感到愉快，并请他理解，你想去喝杯饮料提提神、上个洗手间，或者直接说想和其他客人也打个招呼。如果你想和他再进一步交谈，可以向他要一张名片，或问他是否愿意在活动结束前抽时间再聊。

老钱的社交活动是积极向上的，对话的内容也是积极而乐观的，所以不应该讨论悲剧、个人问题和不愉快的话题。

如果你做了一些愚蠢或笨拙的事情（我们都可能犯这样的错误），只需尽量减少损害，解决或纠正它，必要时道歉并说"那真尴尬"，然后翻篇，谈论其他事情。如果你身边有老钱，他们会若无其事地淡化这件事，并和你一起转换话题，试图让每个人再次感到舒适自在。

老钱"建立人际关系"是非常有策略的，当你告诉别人你在做什么或你对以什么谋生感兴趣时，请等待他的进一步询问，不要刻意推进。老钱从1500米外就能察觉到自我推销。

可作为参考的社交礼仪

- 无论你多么喜爱当下的音乐，如果没有其他人跳舞，就不要跳舞。即使别人在跳，你也不要在桌子上跳。
- 除非主人特别要求，不要唱歌或演奏乐器，无论你唱得或弹得多好。
- 这是个派对，尽量和大家待在一起。如果另一位客人或主人邀请你去房子的隐蔽处，请礼貌地拒绝。因为如果你在派对期间和另一位客人或主人去了房子的隐蔽处，无论私下里发生了什么或没发生什么，当你回来时，你的好名声可能都保不住了。
- 无论天气有多热，都不要脱掉衣服。如果其他人脱掉了衣服，那说明你参加的不是老钱的社交活动，应在看到可能让你后悔的情况之前离开。

- 知道何时感谢主人并离开。

- 如果你独自一人来,那就独自一人离开。如果你带了一个客人来,除非他是开车来的并且喝了酒,否则和那个客人一起离开,并告知组织活动的主人。

- 不要酒后驾车,可以叫出租车,这比保释金便宜。虽然这是老生常谈,但却是真的。

- 第二天一定要寄一封感谢信给邀请你的人。

- 老钱的社交是为了与朋友联系,分享经验,结识新朋友,促进商业合作,而不是物色婚姻伴侣或性伴侣。

- 调情无伤大雅,只要保持在适当的界限之内。

- 如果老钱鼓励你去见某人并与他交谈,那就尽一切努力去见他并与之交谈。这是有原因的。

声明与立场

2017年5月26日
摘自某"老钱"的博客

作家表达他的观点,

高谈阔论,

对一群渴望的仆从,

一群年轻、易受影响的人。

但在后面有点儿偏向一侧,

坐着一个孤独的男人,

疲倦地听着,眼睛盯着手中的威士忌杯。

作家继续讲述,所有人都听到了

他的博客、帖子和推文,

他的听众如饥似渴地聆听每一个字,

就像孩子渴望糖果一样。

最终,作家满意地停顿下来,

他的目光越过其他人,

沉浸在他们近乎热烈的掌声中,

对这位客人提出了异议。

"我看得出你有什么心事，"
当士兵看向他的方向时他说，
"难道你不同意我
所说的一切吗？"

"哦，我听见你说了很多，
而你的话确实听起来不错；
它们起源于一颗受过相当教育、
有修养且见多识广的头脑。"

"但是？"作家反驳道，
察觉到还有更多，
于是打量了这位曾经的士兵，
并且让这个人发表看法。

"我不像你一样擅长言辞，
但我确实有一些想法要分享：
我的想法涉及我已经做过并正在做的事情——
为了公平起见。"

他的内心燃起了熊熊烈火，

现在士兵面对着作家的拥趸：

他慢慢转身，火焰升腾，

饱经风霜的手紧紧抓住吧台。

"似乎，我知道，不久前，

我年轻而充满信念，就像你一样；

我有许多世界要征服，

有许多事情要做。

"但我的国家召唤我，我听从了召唤，

所以我去了异国他乡，

在沙漠风暴和风沙中，

在需要我的地方履行我的职责。

"我们做到了——我们战斗，我们以为是高尚的战斗，

我交了一些勇敢而无畏的朋友，也失去了太多。

但现在——我必须承认——我怀疑我们所做的是否正确，

因为我们在进行一场永无止境的战争。

"哦，我希望你的话是武器！

我们可以把它们用在我们的敌人身上；

它们可以像从天而降的地狱,

带着沉重和致命的打击。

"将军们可以退下,

士兵们也可以回家,

只要你的谈话能回敬

我曾经认识的敌人。

"所以请发射数十亿的话语,

当作子弹和炸弹,

抵消数百万的死亡,

而这让母亲心碎。

"但音节——它们不能,也不会,

不曾,也永远不会,

只有勇敢而坚定的行为,

才能满足这个世界的不便之需。

"那么当你最终回来时会发生什么?

从战争中回来,受到诅咒的同时也被祝福,

庆幸自己还活着,并愤怒于自己没和其他人一起死去。

"我仍然记得那个早晨,我无视危险,
尽了我应尽的职责,
我拯救了三个完全陌生的人的生命,
并被授予紫心勋章。

"它现在被放在一个角落的盒子里,
在抽屉里,和我的内裤和袜子放在一起——
我真希望我的心魔也能被如此整齐地收起。
但幸运的是,它们大多数时候是静止的,
藏在我记忆的阁楼里,
我承诺过总有一天会清理干净的。

"别介意我,继续谈吧!
当你开着你的大轿车时,
谴责我们对石油生产的渴望,
否认我们对消费的沉迷,
把爱国者送往异国他乡!

"用你的雄辩来蒙蔽我们,
用你手中的笔勇敢地表达!
许多人都能发表声明,

但很少有人会采取立场。"

就像他开始时那样安静,
　　他转身坐到椅子上;
人群目瞪口呆,很快离去,
留下一个不太确定的人等在那里。

"我应该向你道歉。"谦卑的作家说,
　　他伸出一只颤抖的手。
士兵礼貌地握了握,但握得更紧了,
　　对方低声说:"现在我明白了。"

　　作家的眼睛闪着光芒,
　　　他们之间陷入了沉默。
　　　　士兵倾听着,
　　作家发出了这样的誓言:

"我将以我的文字为武器,
　　让我的笔穿越泥泞,
　　　用来自天堂的灵感,
　　洒下墨水而不是鲜血。

"我将以我的文字为武器，

奋笔疾书不停歇，

对于我的职责和事业

我绝不容忍任何例外和妥协。

"我要以文字为武器，

尽我所能，

但如果诗句未能完成它们的使命，

你将看到这位作家采取的立场。"

所以把这个故事当作一个对公平的警告，

如果你想让世界变得不那么自由，

闪电会从静默的风暴中袭击自由的敌人。

不要被我们孱弱的身躯，

或微笑、温柔的眼神所迷惑。

作家的智慧是敏锐而娴熟的：

我们将暴政斩于马下。

阵亡将士纪念日快乐。小心保护自己。

车
Cars

谦逊是美德之颜色。

—— 第欧根尼

◆

　　与任何其他社会阶层相比,老钱花在汽车上的钱占净资产的比例很少,这是显而易见的,因为老钱可能在银行存有 1000 万美元,而上街的车只值 1 万美元。更重要的是,老钱花在汽车上的心思也比其他社会阶层少。他们买车是为了实现其功能,为家庭提供安全可靠的交通工具,不是为了向其他人炫耀,吸引他人的目光或弥补性格或体格上的不足。

　　如果老钱购买了新车,通常会开至少 10 年,也可能是 20 年。它由一代人,甚至两代人驾驶,且经常保养,外面干净或显得有点儿脏,但里面通常都相当干净。

　　从以往的情况来看,奔驰、宝马、沃尔沃、萨博以及从亲戚那里传下来的任何车都是老钱的首选。住在乡村的老钱也会选 SUV 或卡车。年轻的老钱也会驾驶省油的本田或丰田。

　　但不论是什么汽车品牌,老钱都会定时保养原装零件和油漆,而不会定制轮毂、深色的窗户膜、贴花和汽车贴纸。他们很少选择敞篷型汽车,这类车通常只限于经典运动。顺便说一句,这类车会增值,但在长期使用中表现不如硬顶车好。在老钱看来,每月偿还一辆售价相当于年收入的新车的贷款似乎很荒谬。用现金购买新车,甚至可能导致老一辈的老钱心脏病发作。这是绝对不可行的。

对于刚刚起步或重新开始的人来说,10% 是一个更合理的数字。这意味着年收入为 5 万美元的人应该开一辆价值 5000 美元的车,这辆车可能是二手车,来自一位保存了所有维护记录的车主,并且从未发生过事故或遭遇过自然灾害(比如洪水)。这辆车省油且易于维护,内饰状况良好,外观也没有损坏,几乎没有凹痕。如果前一位车主是老钱,那就更好了,这辆车可能一直停在车库里,没怎么被驾驶过。

如果你不是非常富裕,去买一辆新车就是你做的最愚蠢的事,因为一旦你驶离车场,新车就会贬值,但二手车则不会。当你购买新车时,你支付的是新车经销商的开销,其中包括广告费、销售佣金、租金等。当你从个人(而非二手车经销商)那里购买二手车时,你更有可能只需支付车的价值,几乎没有其他开支。有人可能说你只是在"买别人的烦恼",而老钱则表示:"只要你做足功课,就不会有问题。"

除非你的注册会计师认为从税收角度看租车对你或你的公司有利,否则应避免租车。老钱认为,为一辆车付款数年,然后又将车还给汽车经销商,这不是明智之举。

新车的保险费用会更高,而且经销商经常要求你返回他们那里进行维护和维修，以保证它们在保修期内。对于二手车来说，你可以自由选择何时以及由谁进行维修，即使二手车在购买后不久需要进行维修，拥有它的整体成本也远远低于新车。如果你想卖掉你的车，出售二手车更有可能让你收回你最初买它的成本，新车则不能。此外，二手车对小偷、恶意破坏者以及拜金主义者的诱惑也较小。

你可能会被新车经销商提供的低月付款所诱惑，但从长远来看，你将支付更多。不如购买一辆保养良好、价格不超过你年收入 10% 的二手车，这样可以省下你的钱。在购车前，请一位信誉良好的机械师检查车辆是否存在机械问题，这个过程不要着急。如果你急需交通工具，可以先租一辆车。如果你支付不了现金，可以去银行贷款，并在尽可能短的时间内还清贷款。

然后就驾驶你这辆安全、省油、低调的车吧，直到其维修费用超过其售价，然后摘下车牌，将车捐给慈善机构，并拿到收据，以便抵扣税收，然后购买另一辆保养良好的二手车。

一辆好车是很好，但一笔数额可观的银行账户资金更加美好。

可善加利用的人

想要拥有一辆无故障的汽车，与本地信誉良好的汽车维修员保持良好关系至关重要。在线评论和口碑是找到好维修员的两种方法。维修员应该有自己的修车店，而不是在家里工作。因为他诚信经营且对维修工作定价合理，他会有一大批忠实的顾客。这意味着他没有多收费或欺骗顾客，也不急于赚钱。他可以给你中肯的建议。

这位维修员最好能够修理各种品牌和型号的汽车，知道哪一年的哪一款车型好，哪一款不太好。当你考虑购买一辆二手车时，先和他聊聊，他可能知道有一位顾客正在出售一辆保养良好的汽车。此外，维修员会告诉你避开哪些品牌和型号，会建议你定期保养你的汽车，也会发现你的车有哪些小问题，并建议在它们变成大问题之前解决掉。在修理方面，他也会给你一些选择，有一些是比较便宜和短期的选择，有一些是更全面的。

这种关系将为你提供高效、可靠的交通工具，并节省你的金钱。

购买之前你应关注这些信息

在购买二手车之前,你可以把车送到你信任的维修员那里。他会象征性地向你收取一笔费用,以检查车辆的以下部分。然后,他会告诉你要不要购买这辆车,以及未来可能需要哪些修理。

如果二手车车主反对你在购买前让维修员检查它,最好放弃购买。

以下是维修员将检查的部件清单,以及你在考虑购买时需要注意的事项。

- 发动机——这可能是汽车修理中最昂贵的部分。它应该平稳而安静地正常运行,任何可疑的噪声可能意味着有阀门故障或磨损,或是发动机缸体裂缝。如果你不知道是谁重新装了引擎,那就要小心。听一下汽车怠速情况,检查其是否漏油。

- 变速器——这部分也可能需要昂贵的修理费用。如果汽车是自动变速器,加速时它应该平稳而安静。如果不是,可能只需要加变速器油。维修员应该可以告诉你汽车这个关键部分的状况,同时也要注意漏油情况。

- 散热器——它应该是汽车的原装部件,同样也要注意漏油情况。

- 汽车框架——这是保持汽车完整的结构。如果它因事故而弯曲,汽车将无法正确停放,轮胎将过早磨损。

- 轮胎——虽然更换轮胎并不是太昂贵,但轮胎也应该处于相当良好的状态,轮胎外侧或内侧的不均匀磨损可能表明车主没有平衡轮胎或定期进行定位。这可能是维护习惯差的表现。

- 内饰——这可以告诉你前车主的维护习惯。尽管内部整洁并不一定能说明汽车可靠且良好的保养,但破旧、肮脏和磨损的内部肯定不是保养良好的迹象。虽然驾驶员座椅比内部其他部分磨损更多,但总体而言,内部应该保持良好。

- 刹车应该处于良好状态,所有的灯光和信号都应该正常工作。这些对安全至关重要。

- 底盘上有锈迹是个不好的迹象,汽车应该保留原始的油漆工艺以及所有或大部分原始部件。如果车门面板的漆色与车身其他部分略有不同,那么这辆车可能发生过事故。

- 高度定制化的车辆并不受欢迎。

- 检查后备厢和备用轮胎,更换轮胎的工具还在吗?后备厢里有备用的机油瓶或变速器油表明前车主懂得照顾他的车,这其实就像看一个人的衣橱一样。

- 检查里程表上的里程数，高质量的汽车可以行驶超过 32 万公里，但你可能想看看那些里程数较少的车。在你的脑海中计算一下汽车的年龄和它的行驶里程，这将告诉你这辆车每年被驾驶的程度。

需要问车主的问题

- 车辆的所有权证书是否在你的名下？你是否拥有它？
- 你是（最好是）第一 / 唯一的车主吗？你拥有这辆车多长时间了？你是从谁那里购买的？
- 为什么你要出售这辆车？（如果车主回答犹豫或故事有点儿可疑，那就要小心。）
- 它是否发生过事故？（你要注意，如果门板或前车身板的油漆颜色或质地与原车不同，也可能表明该车出过事故，因为有时补漆无法完全匹配原油漆。）
- 这辆车是否有拆车证书？（如果有，不管车主告诉你什么故事，都别要这辆车。）

- 这辆车是如何使用的？是上下班开的吗？是在户外停放的吗？是由青少年开的吗？
- 你的机械师是谁？他是否定期对这辆车进行保养？你是否有关于车辆的所有维修服务收据？（最好有。）

其他事项

最好独自进行试驾。打开收音机确保它能工作，但在行驶时请将其关闭，以便听到发动机或刹车发出的可疑噪声。

在停下车子后，等待几分钟，看看路面上是否有漏油或漏水的痕迹。

需要问自己的问题

- 我买得起这辆车吗？
- 我负担得起拥有这辆车的成本吗？（确保将保险、潜在维修费用和油耗效率纳入预算。）
- 这辆车是否适合我日常使用？（思考你的生活方式，思考这辆车，看它们是否匹配。）
- 这辆车是否符合我的需求？

- 我为什么想买这辆车？我需要买这辆车吗？
- 我购买这辆车，是否受到了情感的驱使，而非理性的考虑？
- 我是否考虑了所有的选项？

老钱的格言：当存在疑惑时，你的疑惑就是毋庸置疑。

彼时与此刻

我曾经很想将整个章节重新命名为"交通"，因为自2013年以来，交通状况发生了令人难以置信的创新。自行车、摩托车、出租车、网约车等交通工具在过去几年里极大改变了出行方式。老式自行车的流行度激增，价格也激增。许多年轻人正在重新思考在日常生活中如何从A点到达B点。

考虑到各种因素，我想说：如果你可以在没有汽车的情况下正常生活和工作，那就这样做吧。你不购买汽车，也就不用购买汽车保险，不用维护汽车，不用修理汽车，也不用给汽车加油，你每年都会省下数百甚至数千美元。显然，对于那些居住在小镇或郊区、工作在大城市的人来说，这并不现实。如果你所在的城市没有高效或可靠的交通系统，或者你居住在一年中大部分时间都有极端天气的地区，不买车可能也行不通。

然而，很多人其实可以在没有汽车的情况下正常生活和工作，所以城市的居民请抛弃汽车吧，加入坐公共交通工具的队伍，这样可以减少温室气体排放，保持高速公路的畅通。在做这件对社会有益的事情同时，你还会因骑自行车、散步、上下楼梯而获得健康，发现许多你以前不知道的有趣的人和地方，你将亲身体验日常生活，也将与其他人共同面对每天的挑战和挫折，因为你已经在车里封闭得太久了。

对许多人来说，他们做出这种转变的最大障碍在于对汽车的深厚依恋，这种依恋不仅源于汽车作为独立出行工具的便利性，更在于其被视作社会地位的一种象征。我知道不少人"宁愿失去一条腿"，也不愿意放弃他们的宝马7系列。

这也是美国的主要问题。美国人口只占世界的大约4%，却消耗了大约20%的石油。如果你选择驾驶电动车，那将是很棒的。如果你在工作日乘坐公共交通，周末步行或骑车去农贸市场，那就更好了。

要知道，今天的社会进步来自有思想、积极贡献于世界发展的公民，而不是沉溺于俗气、过时的炫耀性消费仪式的奴隶。

旅行
Travel

无需告诉我你受过多少教育，
只需告诉我你有过多少次旅行。

—— 穆罕默德

♦

　　老钱喜欢旅行带来的体验。是的，旅行需要花费时间和金钱，但好处是多方面的、持久的，并且完全值得好好计划。旅行拓宽了视野，打破你先入为主的观念。马克·吐温在写到旅行时说得最好："旅行对于偏见、偏执和狭隘是致命的。"

　　很多人看到广告中的机票和酒店价格，就立即得出"对自己来说经常旅行在经济上是难以支撑的"这一结论，但这纯属无稽之谈。

　　大多数人一年花在有线电视上的钱足以买到从纽约到伦敦的往返机票；老钱看到很多行政助理拿着价值 500 美元的手提包，而这笔钱足够在罗马的旅馆住上一周；许多人开着售价相当于他们年薪四分之一的汽车，却从未出国旅行过。这只关乎你的优先次序。

　　除非你旅行过，否则你不能算是真正受过良好教育的人。

　　显然，有钱旅行并享受旅行对人生是有帮助的，但同样关键的是计划。如果你愿意提前一年或更长时间计划你的旅行，无论你的收入水平如何，你都可以完成任何一场旅行。看起来这可能是一个长时间的计划，但老钱在生活中的成功相当一部分要归功于计划。你要学会这一点并从中受益。

　　首先你必须决定你想去哪里，想看什么景色，以及在那里想做什么事情。如果你认为你想去一个阳光明媚的地方，在沙滩上躺两个星期，什么也不做，那么要小心，因为你总得做些事情。如果你想长时间躺在阳光下的沙滩上大吃大喝，那么你应该审视一下自己想这样做的动机。

　　想要放松是很正常的，也是健康的，但是当我们处于我们不喜欢、不充实或不具有挑战性的工作或情境中时，我们经常寻求麻醉自己。而旅行应该与我们日常的例行公事不同，它应该是放松的，可以增加心理和生理上的活力，可以慰藉情感。

　　通过做计划和坦诚面对自己，你就能够实现这四个目标。你对什么感兴趣？你喜欢什么？你对什么感到好奇？你一直梦想做什么或想看到什么？生命很短暂，计划一次旅行，出发、体验、观看、探索，让自己沉浸在陌生的环境中。

　　一旦你确定了某个目的地或某项活动，再次坦诚面对自己：我在乎是否乘坐头等舱吗？我必须住在豪华酒店吗？我可以以最便宜的价格旅行，同时仍然自得其乐吗？即使尽可能便宜地旅行，我是否会因财务原因而无法到达目的地？（如果你想去非洲观光旅游，但只有1000美元的预算，即使计划周全，你也可能无法到达期望的终点。）当我到达目的地时，我想看到什么景点或人，做什么活动？"购物"不是一个可接受的答案。"参观博物馆、了解文化和探索城市"是更好的答案。

一般来说，年轻人比老年人更容易忍受更原始的旅行条件。无论你认为什么是可以接受的，确保体验是你旅行的重点，而不是舒适或奢华。回忆是旅行的奢侈品。简朴的旅行也可以带来一半的乐趣。

假设你梦想假期去巴黎，看一直想看的埃菲尔铁塔，在街边的咖啡馆喝咖啡，沿着夜晚的塞纳河散步。太好了，那就是你的梦想，那就是旅行的全部意义。

经典案例解析

恰好，伊丽莎白也想去巴黎，看埃菲尔铁塔，在街边的咖啡馆喝咖啡，沿着夜晚的塞纳河散步。伊丽莎白住在美国，每年有两周的假期。她抱着一种老钱的心态，过着朴素的生活，审慎地存钱并享受生活。

她把目光投向了巴黎，并计划在未来一年利用她的两周假期去游览这座城市。她如何计划这次旅行将决定她是否能够实现计划，以及一旦实现，她会得到多少乐趣。

伊丽莎白要做的第一件事是重新考虑。大多数人认为夏天适合旅行，但她会避开夏天，因为夏天是其他人旅行的季节，交通会拥挤，住宿会昂贵，气候会很热，老钱和伊丽莎白都无法接受这些。

伊丽莎白要做的第二件事是规划。她会上网浏览，或去图书馆阅读大量有关"光之城"（巴黎旧称）的资料。她会列出她一定要看的景点和要做的事情，以及她要为每件事分配多少时间。她本可以在卢浮宫待上几个星期，但这次旅行不行，她得优先考虑想要做的事情，然后再看看日历，因为她想在巴黎游览七个地方，而实际上只有十天的时间。她要规划好，这样每天都有时间去探索、去闲逛、去感受巴黎的魅力，同时还要留下两三天时间给未计划的意外惊喜，它们也同等重要。她的旅行行程开始前，她还会记录所有"必看"场所的关闭日期，以及获取预售票的方法和最佳参观时间。

伊丽莎白要做的第三件事是联系亲友。她会向她信任的朋友、同事和家人提及她的旅行计划。如果有人会打击你的梦想，那就不要分享给他们，实际上，最好把他们忘到脑后。伊丽莎白会问一些问题："你去过巴黎吗？你认识其他去过的人吗？你看到了什么？你做了什么？你住在哪里？你有什么遗憾吗?你再去的话会做什么或看什么?最重要的是,你认识住在那里的人吗?"

伊丽莎白可能会去旅行社咨询。旅行社可以协助预订航班和酒店,并提供游览和参观的建议。伊丽莎白的旅行非常简单、直接:一个目的地、一个航班、一个住所。她可能不需要旅行社的帮助,但与当地有经验的旅行社建立联系总是一件好事。

大多数人旅行时会遵循旅行指南,参加有导游带队的旅行团,会拍摄地标和纪念碑之类的照片,他们游览的基本上都是大多数人游览过的路线。这当然不错,但伊丽莎白有一种冒险精神,她只想亲眼看看巴黎,更重要的是,她想体验在巴黎的生活,因此最好通过与住在当地的人联系来实现。

显然,互联网是建立这种联系的好方法,但老钱建立这种联系的方式是通过个人关系。如果你想去的地方有朋友或朋友的朋友,那你简直是淘到金了。最好是这些朋友能提供一个安全和经济的住所,但伊丽莎白并不期望或要求他们这样做,她只需他们给她提供建议,这对她非常有帮助。

当一个朋友的朋友让伊丽莎白与一位巴黎居民(本地人或其他人)联系时,伊丽莎白会给他发电子邮件或打电话。她会学习一些法语单词,并在通信中使用它们,或在电话中用以问候。她将询问城市中的花销情况、安全问题和干净的住宿地,如酒店或民宿。她已经制定了预算,并在网上查找过,因此当朋友的朋友提到巴黎第 16 区的某些信息时,她就会知道那个地方在哪里,以及她能不能负担得起。

伊丽莎白会非常感激她所获取的信息,她会向住在巴黎的朋友和介绍给她这位朋友的朋友发送感谢信,但这不是她与巴黎朋友关系的终点,这才是开始。

伊丽莎白可能需要等 9 到 12 个月才能去巴黎,但她将有机会与居住在那里的几个朋友的朋友交谈。随着她访问巴黎计划的逐渐成形,她依然会与他们保持联系,不是经常,而是偶尔,因为为对方考虑,应该尽量少打扰他们。

伊丽莎白会预订住宿,并设计一些备选方案,以防万一。她会考虑带有小厨房的公寓,以便可以自己烹饪餐点、节省开支。她还会考虑那些主要租给学生的房间,其中很多房间的周租金都比较便宜,符合她最想要的安全且干净的房间标准。当身处巴黎时,她怎么还会在房间里待着呢。她会提前购买机票以获得最佳票价。她将在 3 月份,避开人多的时候去。虽然那时天气可能很冷,还可能下雨,但谁在乎下雨呢?对她来说,能在巴黎这片土地上散步,就已心满意足。她对旅行的每一个细节了如指掌,她知道如何从机场前往住处,以及谁会在她到达时接她。她已经准备好并期待着这趟旅行。

更重要的是，伊丽莎白将至少有一个，很可能是几个朋友的朋友，在巴黎旅行期间她可以与其见面并共度时光。她会从预算里拿出一些钱，为他们带去一些来自美国的小礼物，并请他们吃顿饭作为感谢。她会学习更多的法语，并尽量用他们的母语问候他们和其他巴黎人。如果她足够幸运的话（幸运总是眷顾那些有准备的人），很可能这些新朋友会向她展示一个她从未见过或体验过的巴黎。她会买少许的纪念品，也会拍很多照片。

伊丽莎白会看到所有游客看到的景点，还会在街头市场上购买新鲜的水果和蔬菜；她会去看歌剧，会发现她最喜欢的咖啡馆，在她光顾咖啡馆的时候，她会想象自己是一个常客；她会去探索书店，也会在公园里逗留，当然，还要沿着夜晚的塞纳河散步。

简而言之，伊丽莎白将度过她人生中最美好的时光。如果她有礼貌并且花些心思，她也将在巴黎拥有一些朋友。

实用提示

- 当你结束旅行回来后，给自己一天时间休息，再回去工作。

- 长途飞行时要多喝水。

- 每个大城市都有你晚上不应该去的地方，了解这些地方并避免到那里去。

- 美国运通卡（American Express）是旅行者的好朋友，如果你能办理，那就办一张，可以在紧急情况和旅行时使用。

- 提前告知亲朋好友你的旅行计划，并利用他们的资源，了解他们在你计划旅行城市的办公室的位置。

- 当你去其他城市时，穿着要整洁保守，不要穿运动服；可以选择用于步行的运动鞋，或棕色皮革便鞋。

- 用当地人的母语问候店主和餐馆老板，并面带微笑。

- 在餐馆里不要大声说话。

- 吃完盘子里的所有食物，不要打包。

- 不要喝醉，这会让自己很没面子，并成为罪犯的目标。

- 如果在你的国家里没有女人以挑逗的方式接近你，那么当她们在外国这样做时你要小心。

- 使用贴身防盗包。如果你醒来时发现你的衣服和钱都不见了，不要说我没有警告过你。

- 男士们，穿一件西装外套或夹克，晚上出去即使在最随意的场合，这也很有用。

- 女士们，带一些东西来遮盖你的肩膀，因为晚上的气温可能会凉一些。
- 注意，穿短裤的话要得体。
- 如果可以的话，步行到达目的地，必要时再乘坐公共汽车或火车。如果这些方法都行不通，那就打出租车，这样既省钱又能看到更多的风景。
- 不要忙于拍照而忽略了体验旅行。
- 旅行时，早上要做好计划并按计划进行，下午可以自由探索，晚上用来认识新朋友。
- 给朋友、家人和自己寄明信片。
- 在你所在的城市或地区找一个买健康零食的地方，或者找到一家杂货店或街头市场，探寻可选择的食品，避免在博物馆和著名地标附近购买昂贵的、低质量的食品。旅行期间，每天都要好好吃一顿饭，或者在当地人的社区与当地人一起用餐。

可善加利用的人

经验丰富的旅行社，能提供符合你兴趣和需求的旅行计划。

彼时与此刻

有时候,我们必须认真思考我们的旅行将如何影响环境、野生动物和旅行目的地人们的生活。是的,花钱刺激当地经济很好,但这不能成为我们大批涌入世界各地历史文化遗址的理由。

我们到其他地方旅行时必须更加留心,同时继续关心保护地球环境。例如,你到印度旅行时,骑大象是不对的。可以参观救援大象的农场,在那里你可以喂食和抚摸它们,并支持康复工作,这是一个很好的选择。

对于希望旅行但不愿意独自旅行的女性,许多网站和应用程序可以提供帮助和灵感,你可以多看看。

旅行涉及的第二个方面是寻找生活在国外的可能性,这看起来像一个遥不可及的梦想,但是,即使只是为了遥远的未来,旅行也是值得的。

我的经验是:生活在另一个国家并不像许多人所认为的那样昂贵,而且比你想象的更能丰富你的人生体验。但是要在另一个国家连续生活超过三个月,的确需要具备一定程度的经济能力,而且签证要求、孩子定期就学和职业需要等也限制了许多人在国外居住的可能性。

然而，如果你有休假或者已经积攒了一些钱，可以自给自足地生活一段时间，那么生活在国外可能是你享受来之不易的自由的最好方式。

为了让你有更多的了解，我将分享我和妻子自 2016 年离开美国后的经历。我这样做并不是为了炫耀我在巴黎的美好生活（我是一名作家，我的工作不受地点限制），而是提供一个真实的、第一人称的经历，这可能会帮助你打开思路，思考如何实现经济独立，无论你现在身在何处。

在洛杉矶生活了很长一段时间后，我和妻子出于个人和职业原因决定离开美国，去国外生活。我们有不少需要解决的问题。

- 积攒的个人财产——来自我们的婚姻生活和家族三代的继承——塞满了我们家的车库、橱柜和衣柜，它们必须被处理或存储。
- 几辆必须出售或捐赠给慈善机构的汽车。
- 需要清算的所拥有和管理的房地产。

我们开始向各种慈善机构捐赠大量物品，又持续几个周末举行了多次销售活动，以出售更有价值的家具和家用电器。我们一次只能销售一辆汽车，因为我们仍然需要开车四处奔波。最后，我们出售了房产。这些事情不是几周就能完成的，而是需要几个月的时间。这个过程充满了艰难选择，我们对很多物品都寄托了感情，但我们只有四个手提箱的空间可以放置要带走的物品。

我们把很多物品送给了朋友和家人，但正如我所说的，大部分都捐给了慈善机构。

这个过程让我们更加清楚地认识到物质财产在我们生活中的地位。如今我们过着舒适但简朴的生活，避免为了购买而购买。我们妥善管理着我们的衣物、汽车和家居。如今，我们过着我在本书中提倡的生活。

从任何标准来看，当时我们已经拥有了很多东西，而有些东西令人觉得难以割舍。但是，如果你想获得自由，最好轻装上阵。因此，我们为了新的人生阶段和新的生活方式而放弃了这些财产。

当尘埃落定，支票兑现后，我们登上了飞往意大利的航班，那里是我们结婚前我妻子生活过的地方。我作为作家，对我们将住在哪里或如何生活毫无头绪，海明威和罗伯特·路易斯·史蒂文森的形象如同鬼魅般在我的脑海中盘旋。和作家生活在一起，我心爱的妻子知道没有精心绘制的计划，便无法勾勒出理想的图景，所以，在维罗纳这个美丽的城市待了几个月后，我在互联网上搜索了欧洲国家中对外国人签证要求最简单、最合理的国家。

令人惊讶的是，这个国家是法国。它的两页签证申请可以归结为以下简单要求。

- 没有犯罪记录；
- 拥有有效护照；
- 在银行里有存款；
- 有健康保险；
- 有住所。

"太棒了，就是它！"我们除了没有住所之外，其他都有了。很快我们就坐上了飞往巴黎的航班，在那里度过了疲惫不堪的四天时间，看了一系列价格高得离谱的破旧公寓。当我们询问租赁代理商时，他耸了耸肩："这就是巴黎，巴黎就是这样。"

然而，我们并没有放弃，在巴黎的最后一晚，我们在互联网上搜寻到一个价格合理的住所。第二天早上，我们就去看了。虽然很小，但这个位于巴黎第4区的公寓不仅配有家具、冰箱和炉子，还有厨具、床品、电视以及互联网接入口。租赁代理商说："只需带你的牙刷就好了。"我们签了租约，交了押金，就这样完成了在法国生活的最后一个要求。

然后，我们回到了洛杉矶，我们准备了银行和税务文件、护照复印件、结婚和出生证明以及我们在巴黎的公寓租赁合同。我们在网上预约了面试时间。在约定的时间，我们向法国领事馆提交了文件，同时拍摄了照片、按了指纹，并支付了相当合理的处理费用。在法国领事馆处理我们的文件期间，我们与对我们充满羡慕的朋友和家人见面。一周后，我们拿到了护照和签证，由此我们可以在法国生活一年了。

这种"本末倒置"获取签证的做法打破了一些刻板印象，第一个陈词滥调是法国人粗鲁、懒惰而效率低下。虽然我相信他们也有这样的时刻，但我们的经历是愉快的。领事馆工作人员对不怎么会说法语的我们很有耐心，他们清楚地表达了需要什么以及为什么需要，高效地处理了我们的访客签证，并为我们选择法国作为新冒险的跳板感到高兴。

我们来到了巴黎，开始着手推进我们的新生活。这种生活包括学习一门新语言（仍在进行中），适应在一个小公寓（尽管天花板很高，但我们俩都超过180厘米，所以这并不容易适应），结交新朋友，并探索这座世界上最美丽的城市（可能是），同时努力工作（另一个正在进行中的工作）。

我们发现了当地的农贸市场，报了在线法语课程，让我们自己（好吧，是我自己）成为当地咖啡馆的常客，并安顿下来。作为老钱，我和我的妻子仔细计算我们的支出，以确定这种新生活每月会花费多少钱。汇率和定期回国的必要支出使我们在选择随后租用的公寓时更谨慎，但每个公寓都比上一个更宽敞、更舒适。

总的来说，我们每个月的生活质量比在美国好，而且花费更少。怎么做到的呢？首先，我们没有车，这就节省了一笔巨大的开支，而且不会有任何不便。车不是必需品，而且公共交通经济实惠、高效便捷（地铁或公交车票价约2美元）。每月水电费支出大约在60欧元，即使我们不断地给笔记本电脑或手机充电、在厨房做饭和看剧。每部手机的月租费是20欧元（约合22美元），这让我们可以给身处欧盟或美国的任何人免费拨打电话。我们每周在食品上花费55欧（约60美元），包括在超市和农贸市场购买各种各样的农产品。在街边咖啡馆享受一杯咖啡大约需要4欧元，但独特的氛围是无价的，而且是免费的。

我和我的妻子会适度购买和选择的奢侈品——旅行、鞋子、衬衫、餐厅和香槟,虽然不便宜,但是令人难忘。我们还学会了享受巴黎为所有人提供的简单乐趣:博物馆、公园、咖啡馆,观察人群,欣赏日落,以及沿塞纳河散步,享受静谧的时刻。

正如你期望的那样,巴黎的餐厅、酒店和精品店的服务是世界一流的。产品供应商和来往的顾客映射出这里融合了全球的文化。这里的食物质量高,几乎没有添加剂和农药,新鲜又美味,且价格合理。巴黎的水质纯净,没有添加氯。公共饮水喷泉提供免费的新鲜饮用水,在某些地方甚至可以享受气泡水。我的老天哪!

巴黎人非常文明,最初看起来可能有距离感,但他们是善良的。他们优雅而令人捉摸不透,古怪而富有同情心,对重要事情漠不关心,却对琐事固执己见。他们为自己的历史、艺术和文化感到自豪,但仍然会有人抱怨最微不足道的事情。

我们很享受这个独特的地方、这种新的生活方式,正如我指出的,简单明了。关于获取访客签证(每次最长居住期限为 12 个月,并具备续签条件)的要求,需满足每人每月至少 1400 美元的合理收入标准。然而,考虑到实际居住成本,你可能需要拥有更高的收入或现金储蓄,因为租赁任何普通公寓的支出可能会超过这一标准,甚至更多。注意:在持有访客签证期间,你不能在法国从事商业活动,这意味着你不能试图找工作或创业。(法国对作家这种职业善意地视而不见。)

我们的访客签证续签过程很简单,只需带上银行文件和租赁副本到警察局。预约通常在15分钟内结束,并需要支付年费。几周后,我们收到通知,告诉我们新一年的访客签证已经准备好,可以领取了。

正如我所说,如果你有一些现金或定期投资收益或版税收入或养老金,你就可以享受这种丰富、有意义的生活。你只需要明智地规划你的生活,控制你的开支,准备好拥抱陌生的事物。

我分享这一切的目的是想说,生活在国外比你想象的更容易,不过它确实需要一点儿思考、一些研究和大量的计划,但我向你保证,它非常值得。

生活在国外也有令人沮丧的经历,比如在法国,假期似乎每隔几周就会出现,精品店、书店和政府办公室也会关闭,但店铺老板很少提前发布通知,因为当地的每个人都知道这些。

这里的经历独特而难忘,其中许多经历都源于这种情况,即生活在这里更加个人化,这是一种日常的、生动的、有生命的东西。它无处不在,不仅仅体现在纪念碑等建筑上,还体现在人身上:20世纪70年代逃离佛朗哥统治的西班牙人现在称巴黎为家;在豪华酒店大堂里,非洲外交官与他们曾经的法国统治者私下碰头,谈判贸易协议;以及总能看到的在当地咖啡馆寻求庇护的一群美国作家。

我们都从某个地方来到这里。我们走在同样的街道上,虔诚地仰视那些伟大的名字:伏尔泰、圣女贞德、拿破仑、居里夫妇、柯蕾特、戴高乐、大小仲马、香奈儿、雨果、海明威。经常在不经意间,我们中就会有人听到一个伟大的故事。

离开之日

2019 年 3 月 27 日
摘自某"老钱"的博客

在寸土寸金的巴黎第 1 区咖啡馆里,侨居作家坐在角落里,在他的右方坐着一个巴黎人。

巴黎人和作家一直互相点头问好,但像咖啡馆里的许多人一样,他们从未互相介绍过自己。巴黎人看起来像是前一晚穿着衣服睡着了,或者是在一个没有灯光的壁橱里穿好衣服,然后一副听天由命的样子走出家门。没有时尚美学、风格指南或任何合理的理由来解释他的这身打扮。

作家甚至想用"一鸣惊人"这个词语来描述这套装扮。唯一能挽回些面子的是,巴黎人穿的一切都是最好的,所以总的来说,还看得过去。

在咖啡馆的大部分时间,巴黎人一直把他马一样的鼻子埋在当天的《世界报》里,冷静地品读头条新闻、研究社论。然而今天,他却异常地分心了。他的眼睛几次转过去,审视着几米外的一对"夫妇",他们蜷缩在一个红色天鹅绒的角落里。

作家扭头一瞥,也注意到了这对"夫妇",他们都比较年长,可能都在 80 岁左右。他们的手紧紧地握在一起,眼睛因为岁月风霜而发红肿胀,两杯似乎被遗忘的浓缩咖啡和两小杯水放在他们面前。

作家缓慢地转过身来，扬起一道眉毛。在巴黎，这样的情感表达是不寻常的，尤其是在这里，距离里兹酒店和精品店仅一街之隔，优雅、克制、冷漠的风格是这里的主流，是应该被崇拜的，是应该在每一个清醒时刻被体现的。这样的直白表达是——作家在脑海中寻找着词语——不得体？不合适？古怪？

这对"夫妇"互相握了一下手，轻轻拍了一下对方，喝了口咖啡，站起来准备离开。他们穿上外套，把一些欧元放在小桌子上，对着巴黎人微笑点头，然后搀扶着对方，穿过拥挤的柜台区。作家目送他们走远，巴黎人也是。

"这两个人怎么了？"（这里说的是法语）作家问道。"这两个人怎么了？"巴黎人停了一会儿，仔细而有条理地折叠着咖啡馆的报纸，仿佛他正在为作家准备一些严肃的话题。事实上，他是……

"我想你是美国人。"巴黎人轻声说道，几乎在耳语。

"是的。"

"那么你会喜欢这个。"他点了点头，示意酒保，酒保立刻拿出了一杯干邑。虽然是上午 11 点，但在这座城市，时间似乎并不重要。人们总能把工作做好，也能将生活的每一刻都演绎得尽善尽美。作家想到福克纳和海明威，想到酒精和伟大。"我有什么资格评判呢？"巴黎人搅动着倒入酒杯里琥珀色的酒，倾身向前，分享了这个故事……

有一个美国士兵,他离开了怀孕的妻子,加入了军队,参加了第二次世界大战,与纳粹作战。他被派往法国,在一次伏击中,脱离了他的部队。他来到了一个房子——在法国北部的树林里,看起来像是废弃的。实际上,这是一个小型的、有两个房间的狩猎小屋,位于一个大庄园的园区内。一个女人和她的两个孩子独自在那里,看起来吓坏了,因为德国军队驻扎在庄园里,巡逻于这个地区。唯一值得欣慰的是,小屋看起来像是废弃的,窗户破碎,屋顶破了一个大洞。

士兵被冻得哆哆嗦嗦,女人让他进了门,给他提供了她能找到的食物,并让他在长椅上睡觉。从她脸上的恐惧可以看出,她是犹太人,要是被德国人抓住,她和她的两个孩子都将性命不保。美国士兵试图用安慰的姿势和安心的微笑让她放心,他身边只有一把步枪,弹夹只有一发子弹。他坐在窗户旁,观察着周围的树林,寻找他的部队或德国士兵的身影。

女人和孩子们不会说英语,士兵的法语也有限。他唯一能向她解释的是:如果德国士兵出现,他会告诉一家人留下来,或者离开,离开的时候从房子后面跑进树林,不要停下来,不要回头。他们必须毫不犹豫地听从他的指示。女人同意了,并向她的孩子解释,每个人都对此表示了坚定的认同,并达成共识。

第二天,一名德国士兵出现在树林里,四处张望。美国士兵示意女人和她的孩子,他则握紧步枪,透过前窗帘观察。女人惊慌失措，但美国人保持冷静，继续观察着德国士兵，然后说道："留下来。"女人虽然很害怕，但她紧紧抱着孩子没动。孩子们也保持安静。那名德国士兵在一棵树旁停下来撒尿，然后离开了。他似乎没有看到隐藏在浓密森林中的狩猎小屋。

第二天，三名德国士兵出现在房子附近的空地上。美国人观察着、等待着，女人和她的孩子们也在等待着。他再次说："留下来。"德国士兵笑着，走近房子，四处张望，但随后被树林中的一声呼喊召回，离开了。

那天晚上，在一支蜡烛的照耀下，他们在房子的小地窖里吃了一顿简单的晚餐，小心翼翼地不让外面的人看到里面的光线。他们坐在一起。美国人掏出钱包，拿出一张他妻子的照片。"有个孩子。"他指了指自己的肚子说。

女人微笑着点了点头。她告诉了士兵自己的名字，并介绍了她的孩子。士兵也介绍了自己，他的情绪变得沉重。他把妻子的照片翻过来，用随身携带的小铅笔在照片背面写下了他的名字，意思是"这是我"。他把照片给了女人。她看着他，但没有再说什么。

第三天，美国人仍旧透过窗户注视着森林，保持警惕。他看到了一名德国士兵，迅速向女人示意。她又一次把孩子们拉到身边。"留下来。"美国人说。

之后又出现了两名德国士兵。美国人再次说："留下来。"沉着而冷静。接着又出现了六名德国士兵。美国人转向女人,说:"走吧。"

她看着他,他也回头看着她。正如他告诉她的那样,她带着孩子们,匆忙走到房子的后门,跑进树林。他们走下山坡,走进灌木丛时,她听到了枪声。德国人在喊叫,然后是更多的枪声。

她和孩子们不停地奔跑,头也不回。他们在几千米远的另一个法国家庭中得到了庇护。他们一直安全地待在那里,直到战争结束。多年后,女人去世了,她的儿子在一次车祸中去世了,女儿继续在巴黎生活。

几十年后,人们发明了互联网。有一天,女儿在整理母亲的遗物时,找到了那张照片,背面的名字仍然清晰可见。在一位会说英语并知道如何搜索信息的亲戚的帮助下,她在数据库中输入了那位士兵的名字。记录显示,他在战斗中牺牲了,但他有一个儿子生活在美国。

她写了一封电子邮件,翻译之后发送到了二战论坛。几周后,美国士兵的儿子回复了。他想和她谈谈,因为他不知道他的父亲是如何去世的,他现在已经有了一个自己的孩子,但父亲的事情一直萦绕在他的脑海中。

她给他手写了一封信,解释了他的父亲为她的家人所做的一切。他立即来到了巴黎,住进了街对面的里兹酒店,并在这家咖啡馆里见到了她。

她不会说英语，他不会说法语，他们互相咕哝着和比画着感激之词，直到咖啡馆的一位顾客插话并为他们翻译了一会儿。当两人拥抱哭泣时，顾客回到了柜台的凳子上。两人停止了交谈的尝试，只是静静地坐着，握着彼此的手。

他们现在每年都这样做，无需繁复的翻译或过多的交谈，默契已植于彼此心中。随后，她回到她在拐角处的公寓，他回到他在旧金山的家人那里。

作家问道："你是怎么知道这个故事的？"

巴黎人犹豫了一下，在杯底搜寻着他最后一点儿白兰地。"那是她第一次来咖啡馆，他也是第一次来，那个打算和他们坐在一起的朋友直到后来才来，所以我就是那个为他们翻译的人。"

"离开之日。"作家自言自语。

巴黎人没有听到这句话。他吸了吸鼻子，眼里似乎进了什么东西——可能是一粒灰尘。他用一块带有字母组合图案的手绢擦了擦鼻子和眼睛，手有些颤抖，然后生硬地把手绢塞回了夹克口袋里，就像是一个不受欢迎的客人，不得不回到他的位置上。

作家沉默了很长一段时间，然后他看了看巴黎人，后者又在看他的报纸，头条新闻遮住了他的眼睛。作家向酒保点了点头，酒保立刻走过来。

"请来两杯白兰地。一杯给我，另一杯给我那边的朋友。"

雇员与服务
Staff And Services

人们可能会装腔作势。
如果你想知道一个人真正什么样，
问问他的仆人。

—— 弗吉尼亚州的一位老钱

♦

    老钱会聘请能干的人，而不是购买单次服务，这样可以更好地利用自己的时间和金钱。

    老钱会把衬衫拿到干洗店去洗熨，也经常去餐馆，因为当家中两位成年人都忙于工作时，谁想每天都做饭呢？他们不会将宝贵的周末时光浪费在打扫房子和洗衣服这些事情上。

    老钱会雇人来打扫房子、洗衣服，也许一周还会做一两顿饭，如果有剩菜，也可以继续加热食用，这样可以节省金钱，也可以在周末有更多的时间去享受生活。

    如果你刚起步或打算重新开始，雇人可能不是优先考虑的事项。一旦你小有所成，就可以考虑雇人每周打扫一次你的住所，可以找人推荐，与几位候选人交谈，并向他们索要推荐材料，然后雇用其中一位。要按时支付雇员的工资并善待他，也要清楚地表达你的指示和期望，夸奖他做得正确的事情，这样他就会继续照做。如果有不想让他做或想让他以其他方式做的事情，礼貌地和他沟通。工作完成后，请在雇员离开时向他表达真诚的感谢。

    如果你外出工作不在家，请将贵重物品锁在安全的地方。

尊重是即刻而一视同仁地给予的，信任则是随着时间的推移而赢得的，不要考验人性，也不要指责雇员偷东西。如果有东西不见了，询问他是否看到。如果你发现他在回答时显得犹豫或有所回避，请小心。如果涉及的物品非常有价值，请报警，让警察和你的雇员谈话。同时，向你的雇员解释，作为调查的一部分，警察可能会联系他。

当你拥有更多的成就时，你可以雇用专业人员来帮助你管理住所和日常生活。你的雇员受教育程度越高、越能干，你的生活就越愉快和充实。请注意，有礼貌、受过良好培训和工作高效的雇员比单纯的物质财富更令人印象深刻。

彼时与此刻

如果你在这段时间内难以维持生计，你最不想听到的就是有关富人如何利用雇员和服务的事情。

然而，如果你很富有，那么你要知道有数百万人正在努力维持生计。如果可以的话，雇用一个人来提供服务，打扫你的房子，帮你做饭、熨衣服或洗车，并公平地支付他工资，尊重他。他会用赚到的钱养家糊口，支付房租并照顾家人。

这不是慈善，这是人性。让我们一起努力，尽我们所能保持事情正常运转。

另一方面，如果你有机会为一个家庭或个人提供服务，那就去做。做那些让别人能顺利生活的事情是非常有价值的，你的可靠和忠诚是宝贵的资产，请凭借这些为值得你信赖的雇主提供服务，并尽你所能做到最好。

Summary

总　结

老钱代表一种价值观,即优先考虑谦逊而不是炫耀,投资而不是消费,工作而不是懒惰,彬彬有礼而不是莽撞无礼。为了实现长期的、有价值的目标,他会延迟满足当下的需求。

老钱不会通过外表展示其政治观念、宗教信仰或净资产,但也不反对那些可能持有不同意见的人。老钱认为贪婪是不好的。

老钱富有而快乐,明智地利用资源,优先考虑长期利益。在刚起步时,老钱会控制开支,多是住在家里,工作并存钱。在往后的人生中,老钱会用简朴的仪式,取代奢华的婚礼并存钱。老钱不会在共同生活之初就购买房屋,而是选择租房,这样他可以避免支付昂贵的首付款,而且多存钱。老钱也不会盲目地生育多个孩子,而是有计划地孕育,限制孕育孩子的数量并存钱。

老钱通过上面这些简单的选择改变了一生,利用节省下来的钱创造了在人生早期就拥有大量储蓄的可能性。老钱关注自己生活的质量,以及孩子的安全、健康和教育,而不是所谓的"生活水平"。

如果老钱从亲人那里继承到钱，他会保存这笔钱。如果他继承了房产，他会仔细评估最好的处理方式：或保留并出租；或出售并存钱；或搬进去住，改善自己的居住条件。

老钱不会把钱浪费在廉价的时尚衣物上，也不会把钱浪费在电子产品和最新的潮流小产品上。老钱不买新车、新房子或新家具（床是例外），而是修理、翻新和重复使用。

老钱持续地赚钱，明智地、缓慢地、谨慎地花钱。老钱专注于自我提升和享受生活，而不是获取物质财富。老钱为长期投资而努力，但每天也在充分享受生活。

尽管老钱这一理念可能不易被接纳和长期坚守，但它无疑对个人生活及财务管理具有深远的影响和显著的益处。它不仅让践行者及其家庭受益，还为他们所居住的社区带来了福祉，使得生存得以保障，更使优质的生活成为可能。

本书提供了一种脚踏实地、循序渐进的方法，为美好未来和充实生活创造了可能性，几乎适合任何境遇中的任何人。希望这些建议能被理解、消化并被付诸实践。

请加入我们，老钱期待与你们同行。

Reference

参 考

PART I

核心价值

健康	《比卡姆瑜伽》(*Bikram Yoga*)，作者比卡姆·楚德奥里(Bikram Choudhoury)。

《生活的调味品》(*Spices of Life*)，作者妮娜·西蒙兹(Nina Simonds)。

纪录片《游戏改变者》(*The Game Changer*)、《刀叉的秘密》(*Forks Over Knives*)和《健康是什么鬼》(*What the Health*)，均可在线观看。 |
| **教育** | 多逛逛当地的公共图书馆、二手书店、书展。

罗塞塔石碑(Rosetta Stone，一个外语学习APP)和在线语言学习资源。

多逛逛博物馆。博物馆提供了令人惊喜并且常常被低估的教育资源。抽个周末的时间去吧，带上你的孩子，探索一番。

有些纪录片和公共电视节目，可能会在你感兴趣的主题上提供洞见。 |

工作伦理	《引路人》(*The Pathfinder*),作者尼古拉斯·洛尔(Nicolas Lore)。 《做自己》(*Do What You Are*),作者保罗·D.提格尔(Paul D.Tieger)和芭芭拉·巴伦-提格尔(Barbara Barron-Tieger)。
礼仪礼貌	艾米莉·博斯特(Emily Post)的《礼仪》(*Etiquette*)。这本书是你最好的选择。买它,阅读它,随时参考它。 社交俱乐部为青少年和年轻人提供了在安全环境中学习礼仪和社交技能的机会。了解一下你所在地区的社交俱乐部。 如果你居住在美国东北部,可以考虑巴克莱学院(Barclay Classes),或者位于乔治亚州费耶特维尔的南方礼仪学校(The Etiquette School of the South),以及洛杉矶的洛杉矶礼仪学校(The Los Angeles School of Etiquette)。
经济独立	托马斯·J.斯坦利(Thomas J. Stanley)和威廉·D.丹科(William D. Danko)所著的《邻家的百万富翁》(*The Millionaire Next Door*)提供了关于美国百万富翁思维方式、消费习惯和生活方式的惊人洞见。
婚姻和家庭	莫妮卡·门德兹·蕾依(Monica Mendez Leahy)写的《结婚前的1001个问题》(*1001 Questions to Ask Before You Get Married*),有趣而有启发性,可以给即将踏上这场大冒险的情侣们提供有效的信息指导。

PART II

生活方式

穿着　阿兰·福卢瑟（Alan Flusser）写的《男士着装：掌握永恒时尚的艺术》（*Dressing the Man：Mastering the Art of Permanent Fashion*）是一本关于如何搭配穿着的优秀作品。它从历史视角讲述了详细而近乎百科全书式的信息，还展示了包含许多穿着得体的老钱男士的精彩照片，近乎完美。

《时尚简约：女性穿搭智慧》（*Chic Simple Dress Smart for Women*）是由金姆·约翰逊·格罗斯（Kim Johnson Gross）和杰夫·斯通（Jeff Stone）撰写的，书中提供了关于职场着装的实用建议。

研究杰奎琳·肯尼迪（Jacqueline Kennedy）和米歇尔·奥巴马（Michelle Obama）的照片，看看她们的穿着风格，并将其融入你自己的风格中。

家居　杰米·巴雷特（Jayme Barrett）写的《你生活中的风水》（*Feng Shui Your Life*）一书提供了一个全面且易于理解的风水指南，能够帮助你最大限度地利用"风水"这门古老的科学。

阅读

在《西方正典：伟大作家和不朽作品》（*The Western Canon: The Books and School of the Ages*）中，作者哈罗德·布鲁姆（Harold Bloom）提供了对伟大文学作品及其作者的精彩概述。

订阅一份国际报纸在获取全球范围的时事新闻方面是非常有益的。你可以考虑在伦敦出版的《卫报》（*The Guardian*）。他们的周刊表达清晰、内容全面且给人耳目一新的感觉。

订阅杂志也是一种经济实惠的方式，既能提供娱乐又能提供信息，但请确保你选择的出版物涵盖了对你来说有价值的主题。你反复阅读和浏览的出版物中所包含的主题内容可能会塑造你的优先事项，并影响你的决策过程，尤其是考虑到其中包含的广告，它们可能会麻木你的思维或提升你的思考，所以在选择订阅时请谨慎。

车

《凯利蓝皮书》（*The Kelley Blue Book*）是美国二手车定价指南。

《消费者报告》（*Consumer Reports*）提供了有关汽车及其性能的权威和客观评价。

Enjoy life !